LES LAMBRIS ET LES PARQUETS

Textes : pour les lambris
Alain THIÉBAUT

Textes : pour les parquets
Philippe BIERLING

Photos et coordination :
Alain THIÉBAUT

ÉDITIONS S.A.E.P.
68040 INGERSHEIM - COLMAR

LES LAMBRIS

Qu'ils soient en bois, en aggloméré* ou en M.D.F.* revêtus d'un film vinyle, ou en P.V.C., les lambris sont essentiellement destinés à l'habillage décoratif des murs verticaux ou obliques (combles) et des plafonds.

Au-delà de leur aspect purement décoratif, ils présentent bien d'autres qualités et avantages :

— revêtement esthétique,
— revêtement résistant (chocs et longévité),
— revêtement sain,
— disponibles en version hydrofugée,
— imputrescibles et étanches (pour le P.V.C.),
— pose facile,
— relativement peu onéreux au m^2,
— disponibles en bois ignifugé à cœur (classé M1),
— faciles d'entretien,
— sensible amélioration du degré d'isolation thermique et phonique,
— choix extrêmement varié, tant sur le plan des différentes essences de bois que des revêtements vinyle d'imitation (pierre, bois), des coloris et des dimensions, donnant libre cours à toutes créations décoratives classiques ou résolument originales.

Les lambris en bois, gardés nature, procurent une incontestable sensation d'« ambiance montagnarde » et de confortable chaleur.

* *Aggloméré : panneau fabriqué avec des copeaux et des particules de bois, agglomérés avec des résines thermodurcissantes. Suivant la qualité des liants le panneau sera destiné à un usage intérieur, extérieur (hydrofuge, résistant à l'eau), il pourra être ignifugé (résistant au feu pendant un temps donné).*

* *M.D.F. ou médium : panneau particulièrement homogène composé de fibres de bois à grain fin.*

LES DIFFÉRENTS TYPES DE LAMBRIS

LES LAMBRIS EN BOIS

Ils sont fabriqués à partir de différentes essences :

Pour les bois indigènes (du pays) :
— les **pins** (des Landes, nordique, sylvestre),
— les **sapins** (essences françaises ou sapin des pays nordiques),
— **mélèze**,
— **châtaignier**,
— **frêne**,
— **chêne**,
— **merisier** (et autres fruitiers), etc.,
— plaqués de loupe d'orme.

Pour les bois exotiques (importés d'Afrique ou d'Amérique) :
— **sipo**,
— **limba**,
— **acajou**,
— **red cedar**,
— **hemlock**, etc.

Les fabricants de lambris haut et moyen de gamme «travaillent» ces diverses essences (des plus classiques aux plus nobles) pour faire un produit sélectionné où **veinage**, **grain**, **aspect rustique**, **petits nœuds**, **sans nœud**, **brut de sciage** ou **poncé**, **nuances chaudes**, **teintes nature**, **vernis**, **cerusé**, **teintes pastel**, **couleurs vives**, aspects **mat**, **satiné** ou **brillant**, donnent toutes possibilités à votre champ créatif en matière de décoration.

Les essences les plus **courantes** sont bien sûr **le pin** et **le sapin**. Ce sont aussi **les moins chères**.

Les lambris sont commercialisés soit **nature** (nécessitant un traitement de finition), soit **finis en usine** (teintés, vernis, lasurés, colorés ou cérusés).

Les normes NF B 54-090 et NF B 54-091 définissent et réglementent le lambris :
— **nature de l'essence et aspect** :
. **A**, sans nœud
. **B**, petits nœuds
. **C**, noueux
. **D**, déclassé,
— **caractéristiques géométriques** (décoration),
— **tolérances dimensionnelles**,
— **marquage**, etc.

		largeur	épaisseur
1	Pin des Landes	70 mm	10 mm
2	Sapin du Nord	135 mm	17 mm
3M*	Sapin	150 mm	18 mm
4M	Mélèze	90 mm	18 mm
5G*	Châtaignier	70 mm	10 mm
6M	Chêne	125 mm	18 mm
7M	Loupe d'orme	90 mm	18 mm
8G	Red cedar	90 mm	12 mm
9G	Hemlock	130 mm	12 mm
10	Pin	95 mm	10 mm
11G	Pin des Landes	70 mm	10 mm
12G	Pin	135 mm	18 mm

* *Voir page 96.*

10
10
10
1
1
1
2
3M
3M
4M
3M
11G
11G
11G
12G
5G
6M
7M
8G
9G

LES NORMES

La norme NF B 54-090 donne la liste des principaux **rôles** que peut remplir un lambris et précise les **règles générales** et les **spécifications** minimales des exigences auxquelles doit répondre le produit (tolérance dimensionnelle, degré d'humidité, etc.).

La norme NF B 54-091 décrit les **caractéristiques traditionnelles de production** des lames de lambris en **pin maritime** (symbole **PINP**). Elle s'applique aux lames avec ou sans **mouchettes** (abréviation **M**), **grains d'orge** (**GO**), élégis (**EL**).

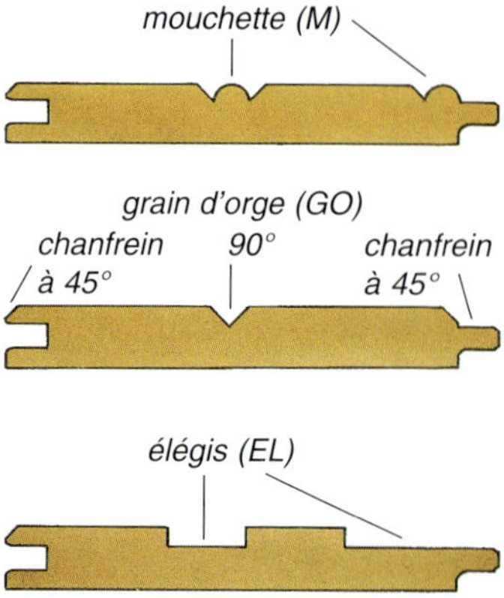

Caractéristiques des aspects en parement (face visible du lambris)

. **Classe A** — sans nœud — symbole **SN**.
. **Classe B** — petits nœuds — symbole **PN**.
. **Classe C** — noueux — symbole **NO**.
. **Classe D** — déclassé.

Désignation (marquage)

Les lames de lambris conformes à la présente norme ont un marquage qui doit figurer sur une face apparente de chaque botte. Doivent figurer :

— le symbole du pin maritime (PINP),
— la longueur et la largeur en centimètres,
— la désignation du profil,
— la lettre indice de la classe,
— la référence à la présente norme.

Ainsi, une désignation **PINP 196 x 7 GO2 B NF B 54-091**, signifie que : la lame est en pin maritime (PINP), de 196 x 7 cm, à profil grains d'orge sur ses deux rives (GO2), de classe B (à petits nœuds) et porteuse de la présente norme.

LES DIMENSIONS COURANTES

Longueurs, largeurs et épaisseurs sont très variables suivant les fabricants et suivant les essences de bois.

— Les **longueurs** varient de **0,30** à **5 m** environ. Les lames les plus courtes correspondant, généralement, à **des sélections de morceaux de bois parfaits** (exempts de tout défaut) ou à **des essences nobles**, elles aussi exemptes de défaut.

— Les **largeurs** varient de **7** à **15 cm** environ.

— Les **épaisseurs** oscillent de **8** à **19 mm** environ.

La commercialisation se pratique généralement **en bottes filmées** de 8 à 14 lames, parfois 20.

Ces bottes de lames, conditionnées sous film plastique, représentent le plus souvent **une surface nette à couvrir** de plus ou moins **2 m²** environ.

CARACTÉRISTIQUES D'ASSEMBLAGE

Les lames de lambris en bois présentent :

— Dans leur largeur **sur le chant** (ou en rive), d'un côté **une languette** (**1 B**), de l'autre **une rainure** (**1 A**) destinées à l'**assemblage en juxtaposition**.

— Dans leur longueur (**en about**), à une extrémité **une rainure** (**1 C**) et à l'autre **une languette** (**1 D**) permettant un **aboutement parfait**.

La fixation et **le maintien** des lames se font **par clouage** (pointe tête homme) dans la languette (**2** et **3**), ou **par clip** cloué (**6**) ou agrafé (**4** et **5**) dans l'aile de la rainure, la lame suivante venant prendre sa languette dans la rainure de la lame précédente.

***B**. languette*

***C**. rainure en about*

***D**. languette en about*

***A**. rainure*

***B**. languette*

2.

3.

4.

5.

6.

LES LAMBRIS REVÊTUS

Ils sont **constitués d'aggloméré*** (en fibres ou en particules de bois) ou en **M.D.F.*** en qualité **hydrofuge** ou **non hydrofuge revêtu d'un papier en vinyle décoratif** collé.

Ces lames décor vinyle existent en :

— **teintes unies damasquinées** (certains fabricants présentent une gamme de **plus de 20 coloris différents**) d'aspect **mat**, **satiné** ou **brillant**,

— **imitation bois naturel**, hêtre, chêne, aulne, érable, bouleau, châtaignier, frêne, merisier, pommier, etc., **en teintes naturelles ou colorées** qui mettent en **valeur le veinage** des diverses essences,

— **imitation pierre**, souvent **le marbre**, allant du blanc au noir en passant par le gris, les verdâtres, les bleutés, etc. L'aspect final est le plus souvent brillant.

LES DIMENSIONS COURANTES

Elles aussi très variables d'un fabricant à un autre, elles sont généralement comprises entre :

— **1,80** et **2,80 m** pour **les longueurs**, **2,60 m** étant une **longueur standard**.

— **16** et **26 cm** pour **les largeurs**.

— **8** et **12 mm** pour **les épaisseurs**.

Note

*Les fabricants proposent presque tous, de manière systématique, des **plinthes**, des **moulures d'angle**, des **baguettes** de finition ainsi que des **languettes de jonction** assorties au décor du lambris.*

*Des effets plus originaux peuvent être obtenus en choisissant des profils de finition présentant un **décor contrasté** ou en optant (avec les lambris à double rainure) pour des languettes de jonction « **miroir** » d'aspect **métallique** (or, argent, cuivre, etc.).*

CARACTÉRISTIQUES D'ASSEMBLAGE

Suivant les modèles, ils présentent :

— **Une rainure** et **une languette** sur **leur longueur** (**1**) ainsi qu'**une rainure** et **une languette en about**. La fixation et le maintien des lames se font par clouage ou par clips dans la rainure (voir page 7).

— Une **rainure** (**2**) de part et d'autre de leur longueur ainsi qu'en about. Dans ce cas, le maintien est réalisé par **un clip particulier à double griffe symétrique** (**3**) permettant, d'une part de maintenir deux lames consécutives et d'autre part de **donner l'intervalle exact** nécessaire à la mise en place de **la baguette de jonction décorative** (**4**) assurant la liaison entre deux lames adjacentes.

→

3. *Clip à double griffe symétrique.*

4. *Deux lames adjacentes maintenues par clips reliées avec une baguette décorative.*

* *Voir page 3.*

Une petite sélection parmi une très large gamme de coloris, nuances et modèles.*

1\. 

***1.** Modèle avec rainure et languette.*

 2.

***2.** Modèle avec rainure sur rives et en about.*

3\. 

 4.

** Voir page 96.*

LES LAMBRIS EN P.V.C. *

Tout comme les autres lambris (en bois ou revêtus), ils se présentent en lames avec rainures et languettes. **Constitués de P.V.C.**, ils sont réalisés soit en lames **à double paroi alvéolée**, soit en lames **monoparois**.

Ils sont également destinés à **l'habillage de tous les murs** verticaux, obliques, **sous plafond**, **en milieu sec** (chambres, salon, salle à manger) ou **en pièces d'eau** (salle de bains, W.-C., cuisine).

Certains modèles, notamment les monoparois, sont **utilisables en extérieur**. On les utilise souvent, entre mur et bord de toiture en guise de **frisettes**.

Leur plus gros avantage, hormis leur aspect décoratif indéniable, réside dans le fait qu'ils sont **étanches**, **imputrescibles**, garantis par le fabricant (pour une durée déterminée) comme **résistants aux U.V.**, et très **faciles d'entretien**. Suivant les modèles, ils ont un **classement au feu** allant de M1 à M2.

Les lambris P.V.C. existent en :

— **teintes damasquinées** ou **faux uni**, en blanc, avec des rendus d'aspect mat, satiné, brillant ou grainé ;

— **imitation bois naturel** ou lasuré présentant un léger relief du veinage, en finition mate ou satinée ;

— **imitation pierre** où les gammes minérales déclinent presque toutes les nuances et les veinages du marbre en finition brillante.

LES DIMENSIONS COURANTES

Variables d'un fabricant à un autre, elles sont généralement comprises entre : **2,60** et **4 m** pour **les longueurs**, **25** et **38 cm** pour **les largeurs**. L'**épaisseur** est généralement de **10 mm**.

CARACTÉRISTIQUES D'ASSEMBLAGE

Sur une paroi plane et sèche, la pose sur un lattis en bois n'est pas obligatoire. **La fixation des lames se fait sans « clip »** soit par **agrafage**, **clouage**, **vissage** (dans l'aile de la rainure), soit **par collage direct sur la paroi** (**1**).

Respectez toutefois le type de colle préconisé par le fabricant en fonction du support et optez pour des **colles à émulsion acrylique ou néoprène**.

La pose sur lattis est réalisable et même très **fortement conseillée** sur **une paroi humide** et présentant des **défauts de planéité** ou **sur une paroi dégradée**. La fixation se fait sans « clip » **par agrafage** (**2**), **clouage**, **vissage** ou **collage** sur le lattis.

1.

2.

* *Voir page 96.*

Les fabricants proposent **des profils** en P.V.C. **multifonctions** : maintien de la lame de **départ**, finition en **extrémité**, réalisation d'**angle rentrant**, **saillant**, assemblage **en about**, permettant **l'alternance du sens de pose**, **encadrement de porte** et **fenêtre**, etc.

Ils proposent aussi **des plinthes** ou pour le plafond **des corniches** et **des pièces métalliques** permettant de réaliser **des plafonds suspendus**.

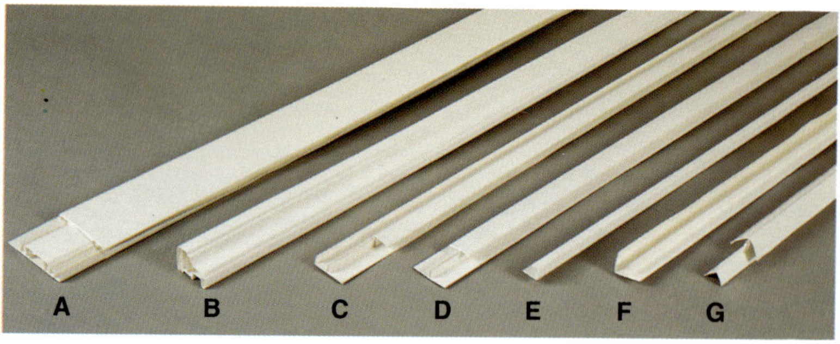

Profils de mise en œuvre et de finition.
A. *Plinthe.* ***B.*** *Corniche.* ***C.*** *Profil multifonction pour angle interne, encadrement de fenêtre, bordure de plafond.* ***D.*** *Raccord de lames.* ***E.*** *Profil de départ ou d'extrémité non clippable.* ***F.*** *Profil de départ clippable.* ***G.*** *Profil d'angle saillant.*

1. *Profil d'extrémité non clippable, ici, au départ pour le maintien de la première lame.*

1.

2.

3.

2. *Profil multifonction clippable à utiliser en angle interne, en angle de plafond et pour les encadrements de portes et fenêtres.*

3. *Profil d'angle saillant.*

4.

4. *Suspentes métalliques pour plafond permettant le maintien des lames. De longueurs variables, elles permettent d'abaisser le plafond à sa convenance.*

5.

5 *et* ***6.*** *Profil clippable permettant l'aboutage (****6****) ou le changement de sens des lames (****5****).*

6.

7. *Plinthe clippable.*

7.

LES DIFFÉRENTS SENS DE POSE RÉALISABLES

Le sens de pose d'un lambris dépend (« presque ») essentiellement de vos **préférences décoratives** en matière d'habillage d'un **mur vertical** ou **oblique** (en combles) ou d'**un plafond**.

Il y a principalement quatre types de pose :
— **la pose en verticale**,
— **la pose en horizontale**,
— **la pose en oblique (à 45° ou suivant un autre angle)**,
— **la pose en soubassement** (horizontale ou verticale).

Mais il faut toutefois savoir que **chaque sens de pose donne un effet visuel différent**, ainsi :

LA POSE VERTICALE

Un habillage par des **lames posées verticalement** (**1**) aura tendance à donner visuellement **une diminution de la longueur du mur**, mais par contre en **augmentera la hauteur**.

LA POSE HORIZONTALE

L'habillage par des **lames posées horizontalement** (**2**) donnera une impression de **mur plus long** et **abaissera la hauteur sous plafond**.

LA POSE À 45°

L'habillage par **des lames posées à 45°** (**4** et **5**), ou suivant un angle différent, donnera essentiellement un **effet décoratif** novateur (surtout si l'on alterne sens de pose et couleur des lames).

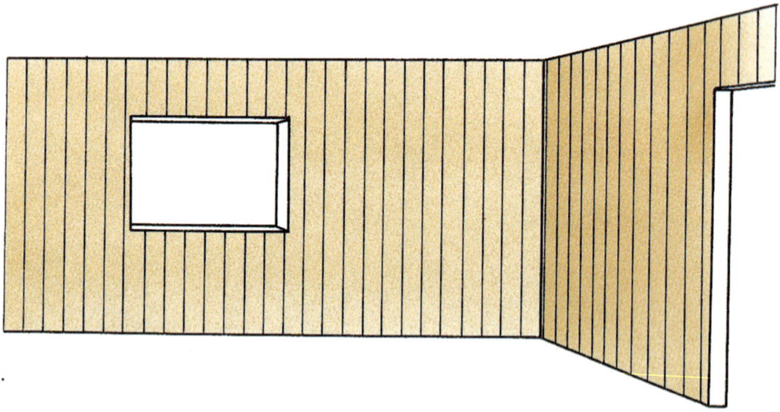

1.

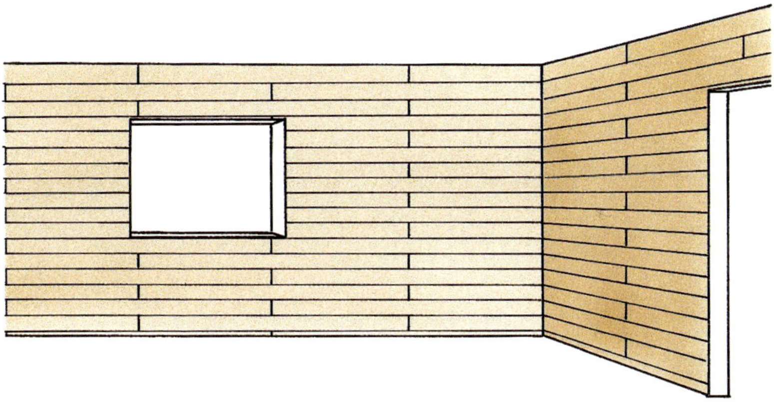

2.

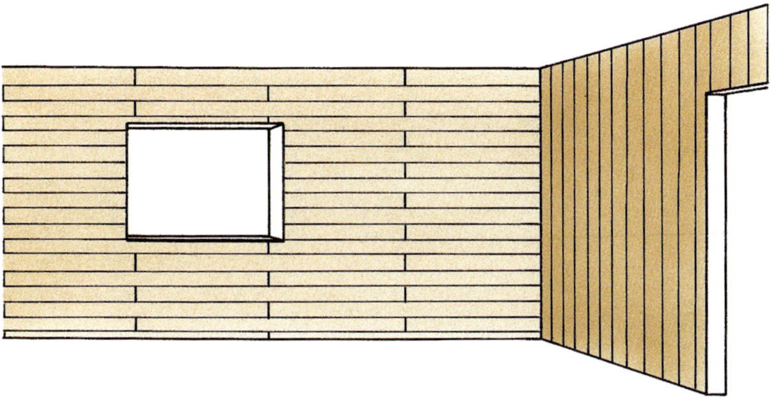

3.

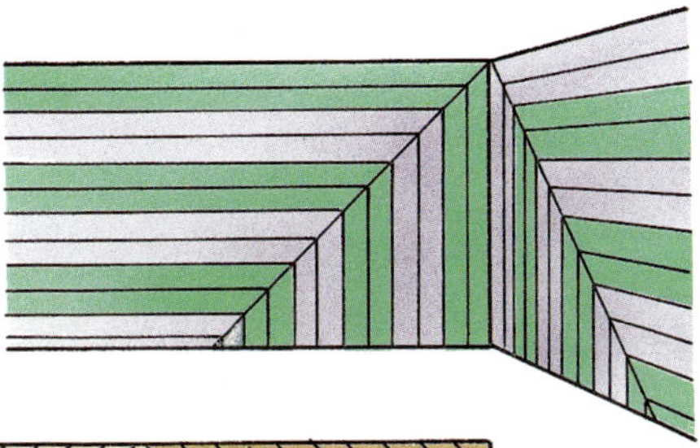

4.

5.

LA POSE EN SOUBASSEMENT

La pose en soubassement (sur 1 m, voire 1,10 m ou jusqu'à la hauteur des appuis de fenêtres) est également essentiellement décorative, mais peut aussi servir à masquer un bas de paroi dégradé, humide (ne jamais emprisonner une paroi humide sans avoir traité la cause de l'humidité), contenir un isolant, abriter une bibliothèque de faible profondeur (**3**) ou, surmontée d'une large cimaise en guise de tablette, servir comme support à bibelots, livres, tableaux (**1**) ou à casser ou rythmer, par une alternance du sens de pose **2** et **3** (horizontal — vertical).

1.

2.

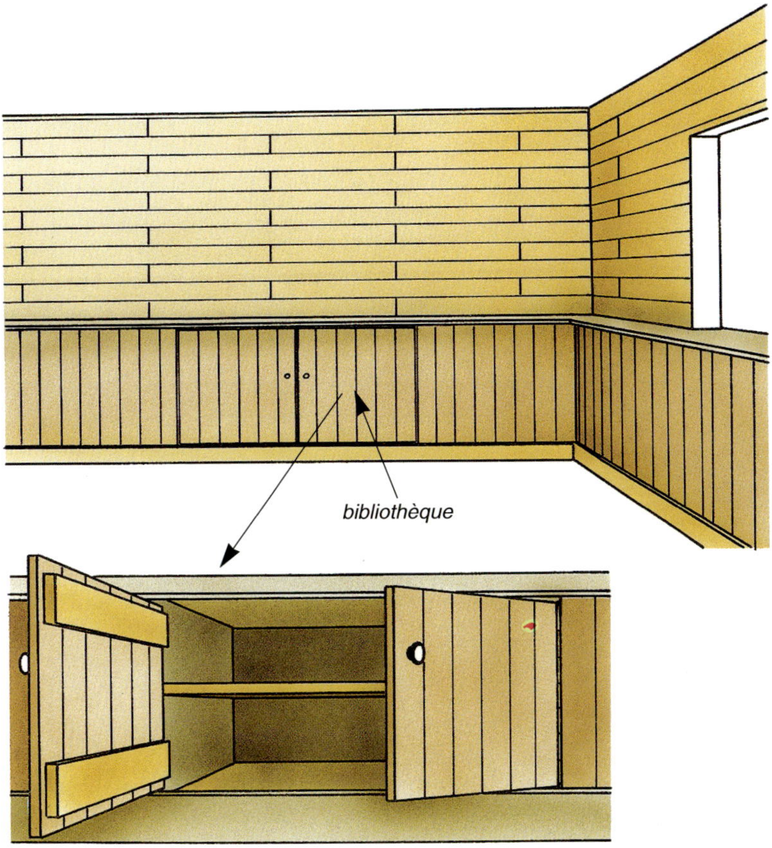

3.

LA POSE SOUS PLAFOND

La pose sous plafond se réalise elle aussi sur **un lattis en bois**. Le sens des lames peut être **perpendiculaire** (**3**) **ou parallèle** (**4**) à deux grands murs opposés. **La pose en oblique à 45°** (**2**) se pratique également et offre l'avantage de donner une **note décorative** supplémentaire et de **rompre avec une certaine** « **monotonie** », dans le cas où tous les murs verticaux sont habillés par du lambris.

Sur un **plan** purement **esthétique**, et dans le cas où **deux murs verticaux opposés sont habillés par des lames posées verticalement**, il est toutefois recommandé de poser les lames sous plafond dans **le prolongement** de ces dernières et de les **faire coïncider** avec celles situées sur le mur en vis-à-vis (**3**).

Si l'on décide, dans une pièce, de lambrisser le plafond et les murs, il faut **commencer par le plafond**, les murs seront réalisés dans un deuxième temps.

1.

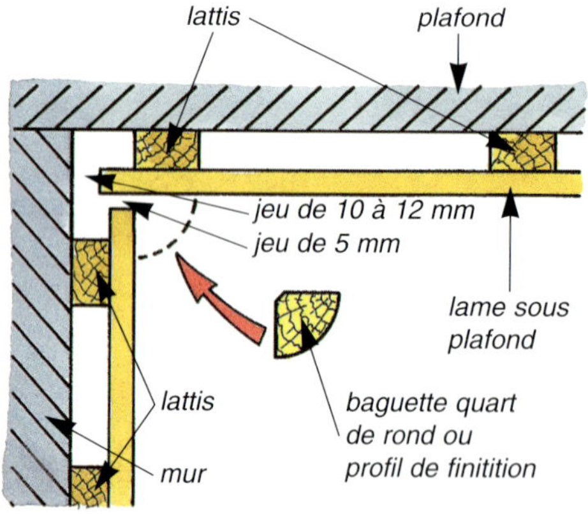

Note

*Sur tout le périmètre du plafond, il faudra impérativement veiller à ménager un minimum de 10 à 12 mm de jeu entre les lambris et les murs (**1**). Cet espace permettra une libre dilatation des lames et sera largement masqué par l'épaisseur du lattis et des lames venant perpendiculairement en appui.*

2.

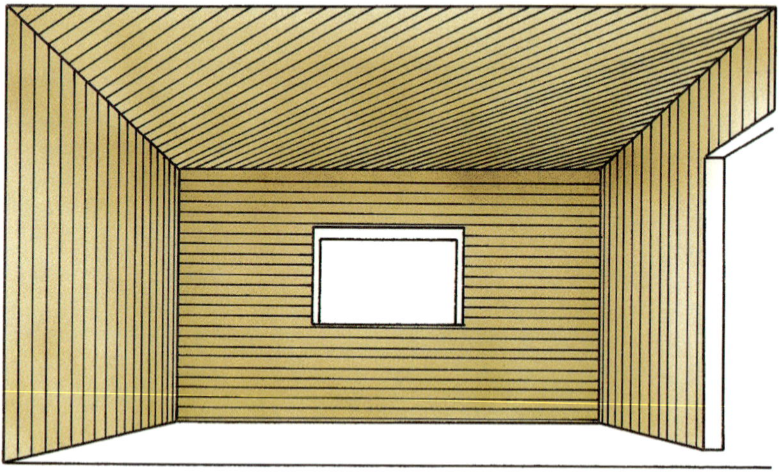

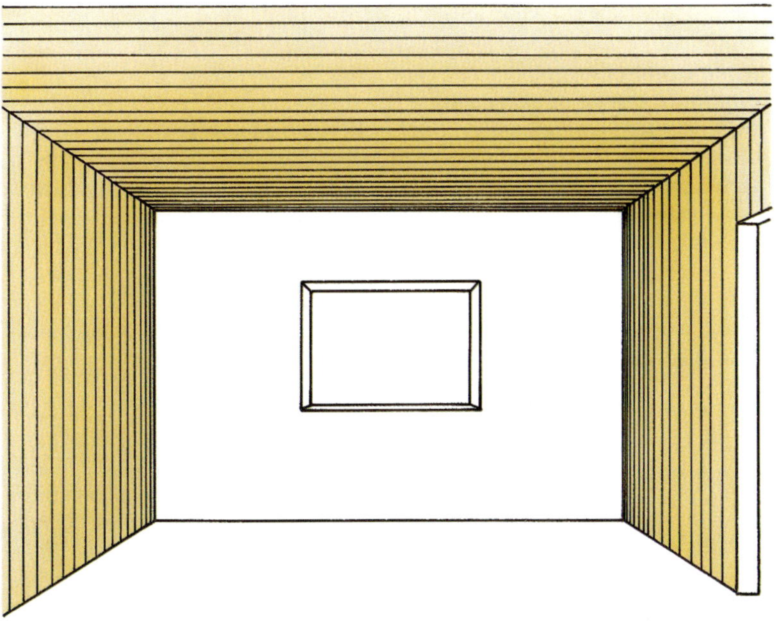

3.

4.

Sous plafond, en **alternant le sens de pose**, avec **assemblage perpendiculaire à coupe d'onglet**, on peut obtenir de très jolis motifs. **Les assemblages** devront être **réalisés avec beaucoup de soin**, **sans être jointifs** (respecter un espace de 5 mm au centre de la pièce, 10 à 12 mm en périphérie). Le joint sera recouvert par une **baguette couvre-joint** ou **laissé nu**, d'où l'**absolue nécessité de réaliser des coupes propres** et **parfaitement alignées**. Si l'on désire réaliser un **motif rectangulaire**, il faut le **tracer au plafond** pour avoir des repères précis.

Centrez votre rectangle dans la pièce et calculez-en les dimensions de manière à n'avoir à **poser que des largeurs de lames entières**. Servez-vous d'une grande et bonne **fausse équerre** (plus elle est grande, meilleure sera la **précision des relevés sur le traçage** et leur **report sur les lames** de lambris pour leur découpe).

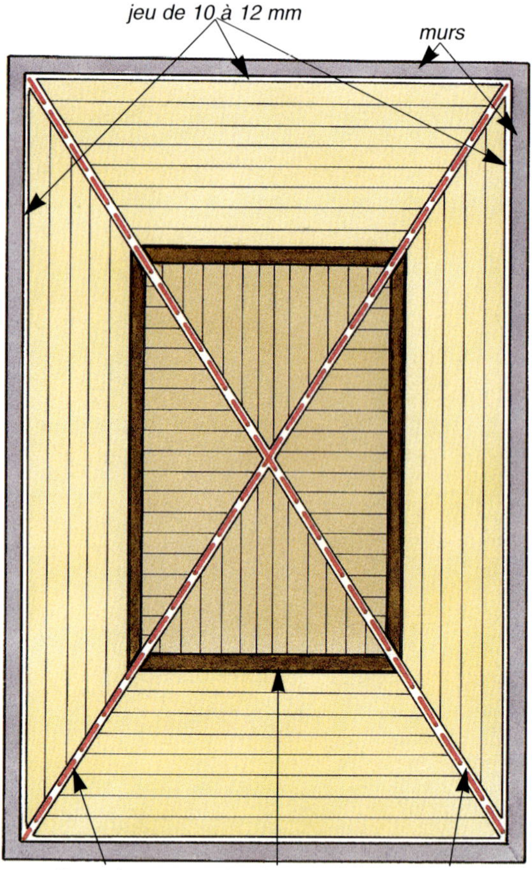

Attention

Dans un motif rectangulaire les joints entre lames perpendiculaires suivent et se réalisent sur les diagonales. Attention, dans ce cas de figure aucune coupe d'angle n'est à 45°. Seule une figure carrée vous permettra de réaliser des coupes d'assemblage d'angles à 45°.

En habillage sous plafond, **en alternant** et **en variant essences de bois, teintes**, **largeurs de lames** et **sens d'assemblage**, vous découvrirez des possibilités de réalisations de motifs décoratifs qui ne seront limités que par votre sens de la créativité.

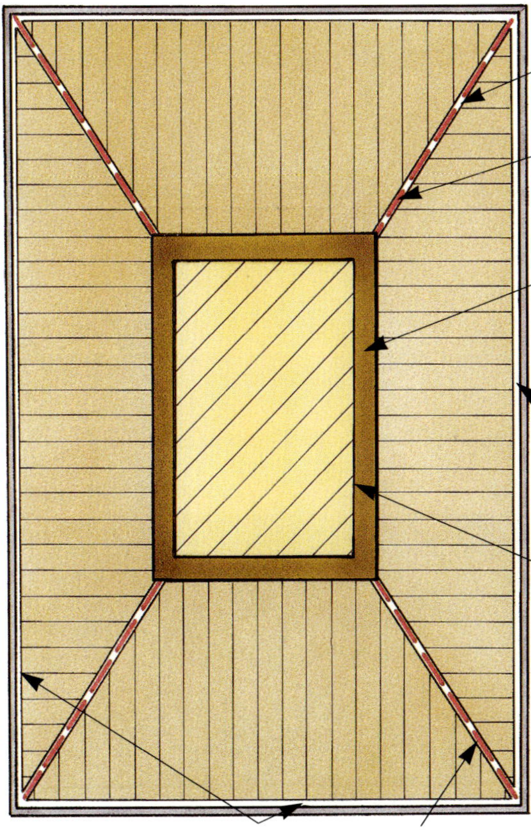

Note

Avant de vous lancer dans ce travail qui requiert patience et minutie, faites-vous un plan au 1/10, tracez toutes les lames et assemblages, coloriez si besoin votre tracé, calculez vos dimensions de rectangle de manière à n'avoir que des largeurs de lames entières. Calculez également vos surfaces de lames respectives surtout si vous panachez les essences de bois.

Exemple de variation d'essences de bois, de teintes, de longueurs et de largeurs de lames de lambris.*

* *Voir page 96.*

Plafond réalisé par des rangées de lames de longueurs et de largeurs différentes. Notez le respect du joint en bordure de plafond et en rencontre à 90°.*

Pour obtenir des coupes à 45° les diagonales de la pièce n'ont pas été respectées.

* *Voir page 96.*

A

B

C

Exemples de réalisations en lambris sous plafond. ***A*** *dans une pièce,* ***B*** *et* ***C*** *dans un couloir.*

PRÉPARATION DES MURS OU DES PLAFONDS

La pose de lambris en bois se fera toujours sur un **lattis en bois**, constitué d'**un réseau de tasseaux parallèles** posés à **joint interrompu** et **décalés un rang sur deux** dans le cas d'une pose de lames en verticale (**2**).

L'interruption (par un intervalle d'environ 4 à 5 cm) de la continuité des tasseaux a pour but de **créer une circulation d'air** (après la pose des lambris), permettant une **ventilation de la face arrière** des lames de bois, ce qui évite leur **déformation** en présence d'humidité.

Note

Les tasseaux ne devront pas avoir une épaisseur inférieure à 10 mm. Le tasseau idéal et le moins cher est la latte à toit. Elle a une section voisine de 25 x 50 mm (suivant les scieries) et est commercialisée (généralement) en bottes de 10 lattes allant de 2 à 6 m, par tranches de 50 cm — 2 m, 2,50 m, 3 m, 3,50 m...).

MISE EN PLACE DU RÉSEAU DE TASSEAUX

Pour une **pose verticale** des lames de lambris, les tasseaux seront fixés horizontalement (**2**).

Pour une **pose horizontale** des lames de lambris, les tasseaux seront fixés verticalement (**3**).

Pour une **pose en oblique** (à 45° par exemple) des lames de lambris, les tasseaux seront fixés à 45° d'inclinaison et perpendiculairement au sens du biais désiré des lames de lambris (**1**).

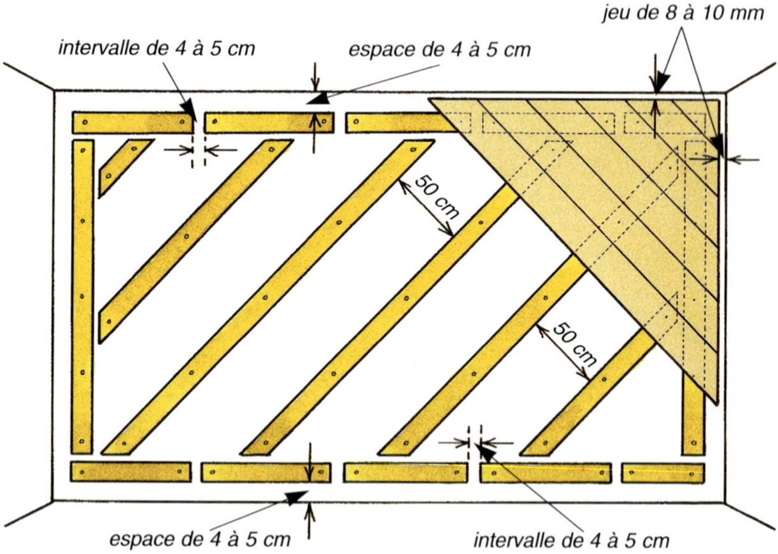

1.

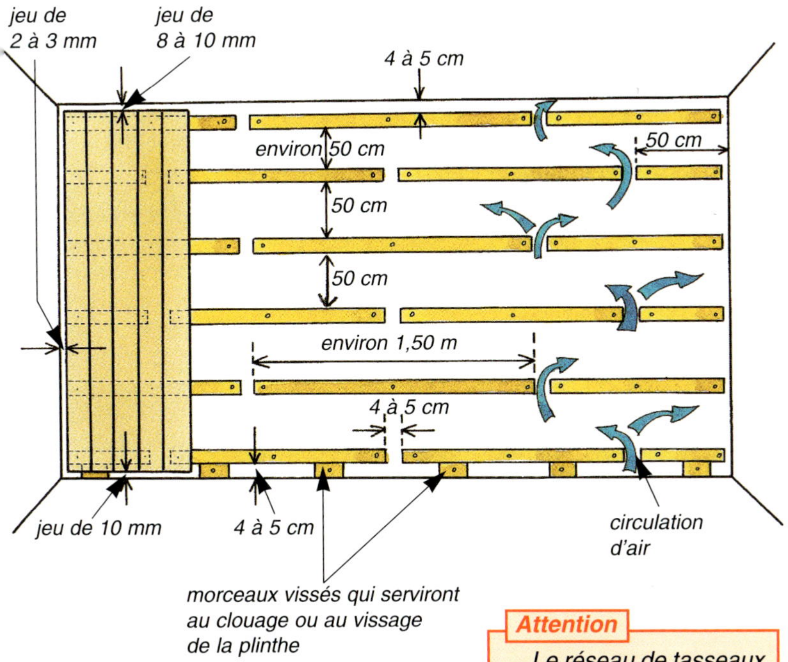

2.

Attention

Le réseau de tasseaux doit être perpendiculaire au sens de pose des lames de lambris.

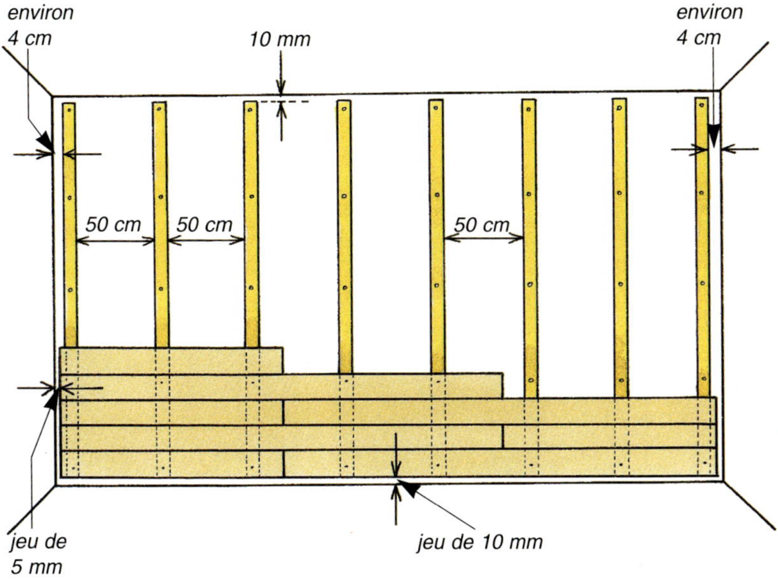

3.

FIXATION DES TASSEAUX

Les tasseaux seront **fixés** sur la paroi **par vissage dans une cheville**, sauf si la paroi est déjà en bois ou en panneaux de particules, dans ce cas les tasseaux seront directement vissés sur la cloison.

Pour **éviter tous déboires futurs**, il faut **adapter la cheville** à la nature du **matériau constituant** le mur, la cloison ou le plafond.

1.

2.

3.

Choix de la cheville

— Pour un mur ou une cloison **en béton**, **en pierres de taille**, **en moellon** ou **en briques pleines**, **une cheville standard** (**1**) en P.V.C. suffit, c'est la cheville à double ailette ou à ergots antirotation. Ses ailettes ou ergots, ses crans transversaux et sa fente longitudinale permettent **l'accrochage et l'expansion** de la cheville dans tous **les matériaux pleins** au fur et à mesure de la pénétration de la vis.

— Pour un mur ou une cloison **en briques creuses**, **en briques plâtrières**, **en parpaings** (**3**) (agglos), **en plaques de plâtre** (**4**), en **cloisons** légères **alvéolées**, il faut opter pour des **chevilles à expansion** (**2**) en nylon, en plastique ou en métal spécialement conçues pour que leur **structure s'écarte sur la face arrière de la paroi**.

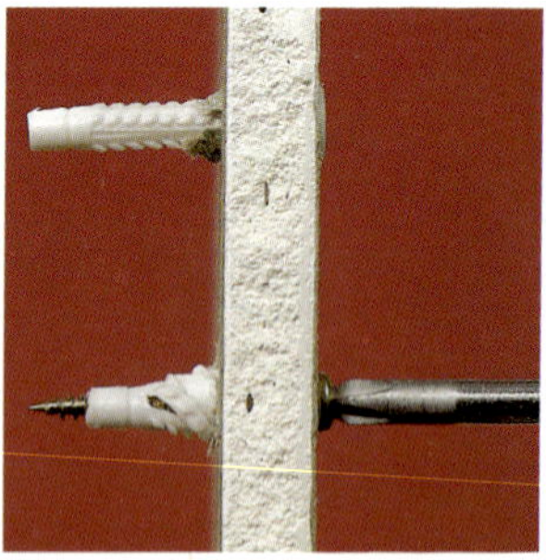

4

— Pour un mur **en béton cellulaire**, il faudrait de préférence utiliser des **chevilles** en **plastique** ou en **métal à gros filetage** (**5**), autoforeuses ou non.

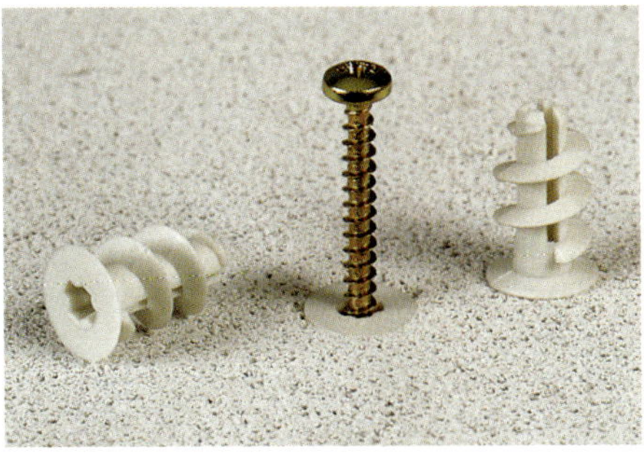

5.

Le choix de la cheville ayant été vu, il faut également **mettre en adéquation** les **diamètres de perçage** et de la **vis à utiliser**, **avec celui de la cheville**. Le tableau ci-contre donne les valeurs des diamètres de perçage et des vis à respecter en fonction de celui de la cheville choisie.

Ø de la cheville en mm	**Ø du perçage à effectuer = Ø de la mèche en mm**	**Ø de la vis à utiliser en mm**
4	4	de 2 à 3
5	5	de 2,5 à 4
6	6	de 3,5 à 5
8	8	de 4,5 à 6
10	10	de 6 à 8

Astuce

Le diamètre de perçage et celui de la cheville doivent être identiques.

Toutefois pour les carreaux de plâtre (ou un matériau tendre), percez à un diamètre inférieur de 0,5 à 1 mm à celui de la cheville. Cette dernière, rentrée en force, aura une meilleure accroche dans le plâtre.

*Pour le perçage, utilisez un forêt à métal (usagé, **B**), les diamètres allant de demi-millimètre en demi-millimètre (ex. : 4 - 4,5 - 5 - 5,5 - 6 - 6,5 mm, etc.) alors que les mèches à béton (**A**) n'existent qu'avec des diamètres allant de mm en mm (ex. : 4 - 5 - 6 - 7 - 8 - 9 - 10 - 12 - 14 mm, etc.).*

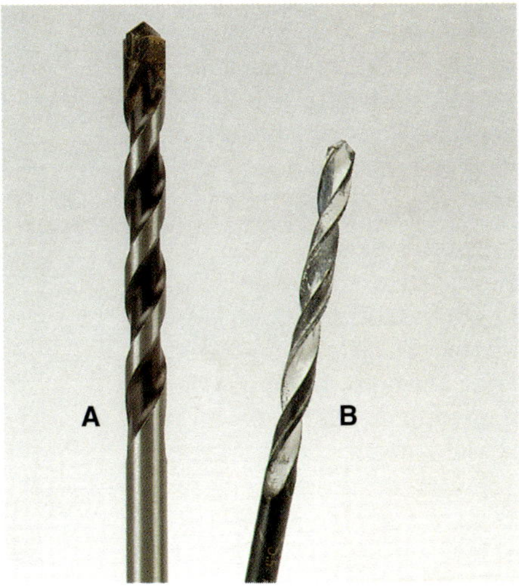

POSE DES TASSEAUX SUR UN MUR PLAN ET RECTILIGNE
(bien vertical, droit, sans creux ni bosses)

Traçage de l'emplacement des tasseaux

Dans un des angles du mur :

— Prenez un **repère à 4 à 5 cm** au-dessus du **sol** (**A** 1.).

— Prenez un autre **repère à 4 à 5 cm** sous le **plafond** (**A** 2.).

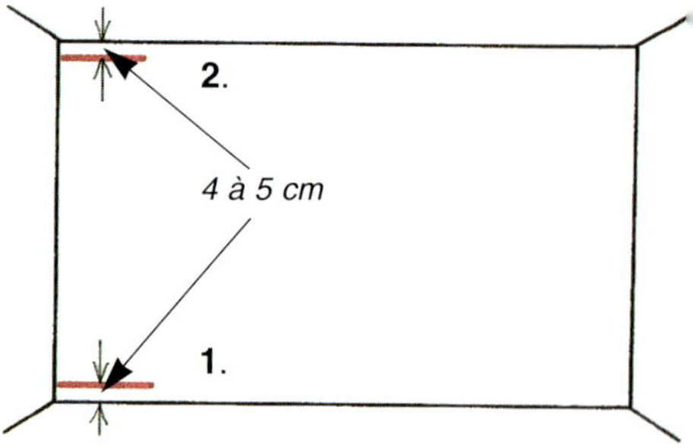

— Tracez maintenant d'autres **repères intermédiaires à 50 cm d'intervalle** (**B** 1.).

— Répétez la **même opération** dans **l'angle opposé** (**B** 2.).

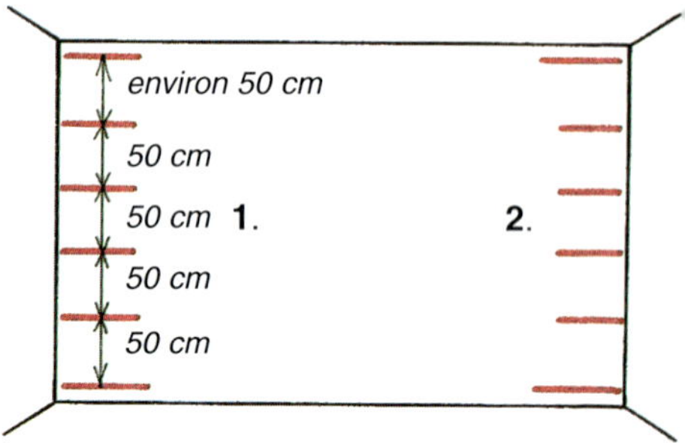

— **Tracez** maintenant, **sur les repères**, les lignes horizontales qui serviront de positionnement aux tasseaux.

Ce traçage peut se faire de 2 manières différentes :

— La plus simple est d'utiliser **le cordeau à poudre** (à condition d'être à deux ; dans le cas contraire, fixez le départ par un clou) (**C**).

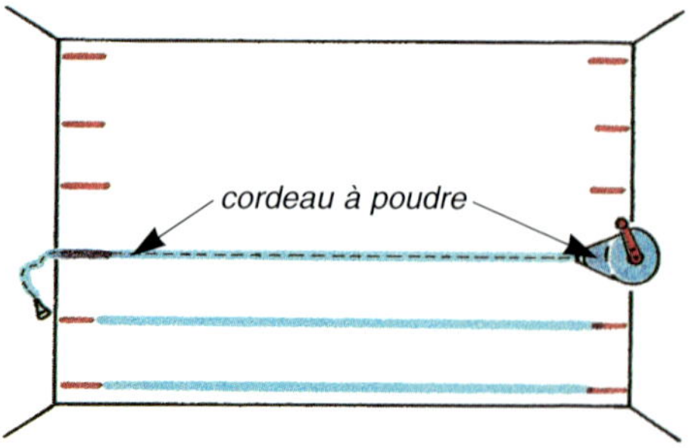

— À défaut, **une règle de maçon** en aluminium (ou **un tasseau** bien droit), **surmontée d'un niveau à bulle** et déplacée latéralement servira de guide pour le traçage (**D**).

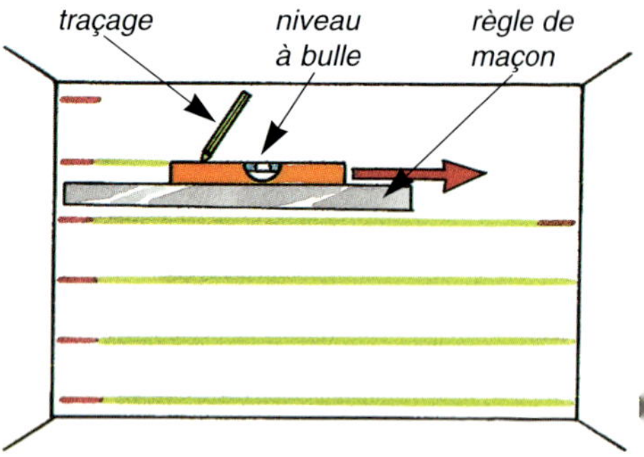

Préparation des tasseaux

L'opération suivante sera **la préparation des tasseaux**. Dans ces derniers, sciez quelques **morceaux de 0,50 m** et de **1,50 m** de long environ (voir dessin page 25). Les autres longueurs à abouter seront **mesurées et sciées en fonction des dimensions de la paroi**.

Note

Perçage des tasseaux

Pour gagner du temps, 3 ou 4 tasseaux (en fonction de leur épaisseur) peuvent être percés simultanément en les superposant et en les maintenant à l'aide d'un serre-joint. Le perçage se fera à environ 5 cm de chaque extrémité. Les trous intermédiaires seront réalisés tous les 50 à 70 cm environ.

Le diamètre de perçage sera supérieur d'1/2 à 1 mm à celui de la vis utilisée.

Marquage des trous pour les chevilles

Positionnez maintenant, au mur, sur **le traçage** préalablement établi, votre **tasseau prépercé** (**A**).

Les trous serviront de **guide** à votre foret béton qui sera d'un diamètre **équivalent**, ou **inférieur**, à celui des trous des tasseaux.

Marquez ainsi (à chaque trou), **l'emplacement des chevilles** en perçant sur environ 1/2 cm de profondeur. Ces marques faites, **changez de foret** (utilisez celui correspondant au diamètre des chevilles) (**B**) et percez à une **profondeur** au moins **égale à la taille de la cheville plus 1/2 cm** ou à une profondeur au moins égale à **la longueur des vis** moins l'épaisseur du tasseau.

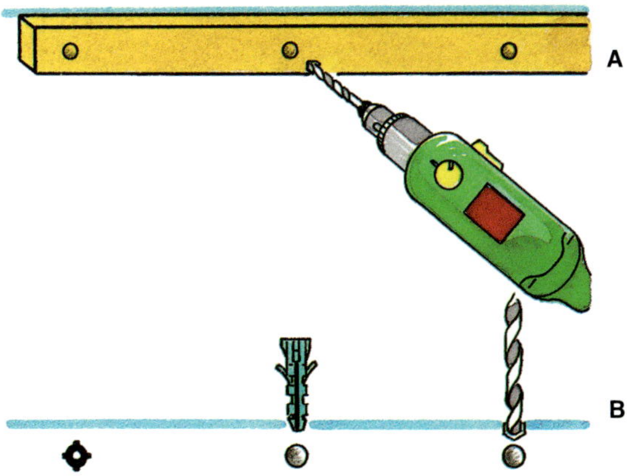

1.

Dans le cas d'un lattis horizontal établi pour un lambrissage vertical (voir dessin 2 page 25), tous les tasseaux seront fixés à **joints interrompus** (avec un intervalle d'environ 4 à 5 cm) et **décalés un rang sur deux**.

Les huisseries des portes (**1**) et **les entourages des fenêtres** (**2**) seront bordés de tasseaux en périphérie.

__1.__ L'huisserie est bordée de tasseaux. Vérifiez à la règle l'alignement des tasseaux.

__2.__ L'encadrement de fenêtre est bordé de tasseaux, les lambris sont affleurants, une baguette d'angle sera posée en finition.

__3.__ Le réseau vertical de tasseaux sert à dégager l'isolant du mur.

3.

Remarque

Électricité

Si vous souhaitez modifier votre réseau d'alimentation ou de commande électrique (ajouter des prises ou un interrupteur), c'est maintenant qu'il faut y penser et réaliser en apparent les éventuelles extensions de circuits.

Si vous souhaitez **isoler** thermiquement ou phoniquement votre paroi, il faudra **accorder l'épaisseur du ré-**

seau de tasseaux à l'épaisseur de l'isolant choisi et prévoir à l'arrière de ce dernier **une lame d'air** d'au moins 1 cm d'épaisseur.

Le système le plus efficace est de **réaliser un double lattis perpendiculaire** (**4** et **5**). Le premier, constitué par des tasseaux de 10 à 16 mm d'épaisseur, **dégagera l'isolant de la paroi** (**3**), le second, d'une épaisseur au moins égale à l'épaisseur de l'isolant, **contiendra les panneaux d'isolant** (**5** et **6**). Utilisez de préférence des panneaux semi-rigides de laine minérale (verre ou roche) ou des panneaux de polystyrène extrudé.

4.

5.

6.

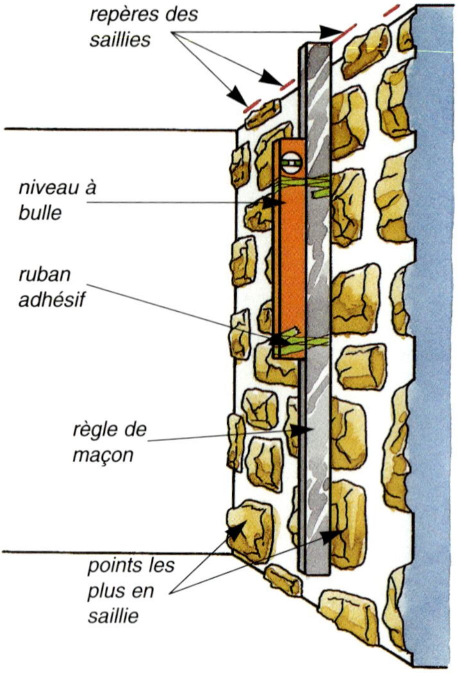

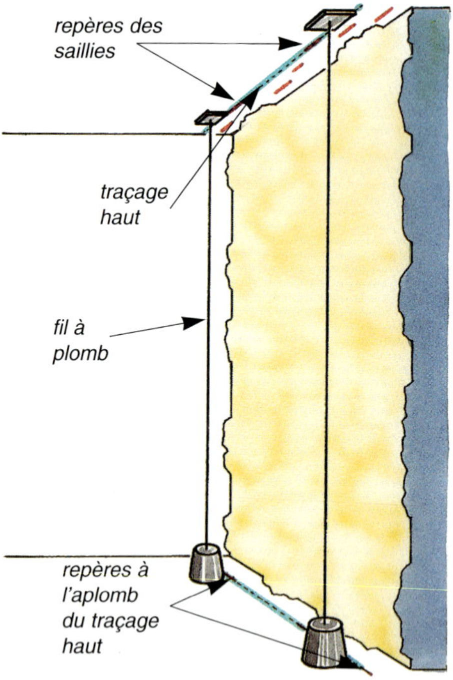

POSE DES TASSEAUX SUR UNE PAROI IRRÉGULIÈRE

Le but final sera l'obtention d'**une paroi rectiligne** parfaitement **verticale et plane** (ne présentant plus de creux ni de bosses et d'aplomb).

Le tracé au mur de l'emplacement des tasseaux se fera de même manière que précédemment.

Dans un premier temps, **repérez les parties du mur** les **plus en saillie** par un coup d'œil latéral à la paroi (tangent), appliquez à ces emplacements une règle de maçon munie d'un niveau à bulle, **marquez ces endroits en traçant** un **petit repère au plafond**. **Déterminez les deux marques** les **plus en « avant »** et tracez sur ces marques une ligne au cordeau à poudre ou à la règle.

À l'aide du fil à plomb, à chaque extrémité du mur, **reportez et tracez au sol un repère** à **la verticale** de la ligne sous plafond.

Tracez au cordeau à poudre **sur ces repères** cette nouvelle ligne, elle sera **à l'aplomb** de la ligne sous plafond.

On peut aussi **tracer** cette ligne **au niveau à bulle**, « en abaissant » **une ligne verticale** sur les **deux murs adjacents** (voir dessin n° 1 page 33).

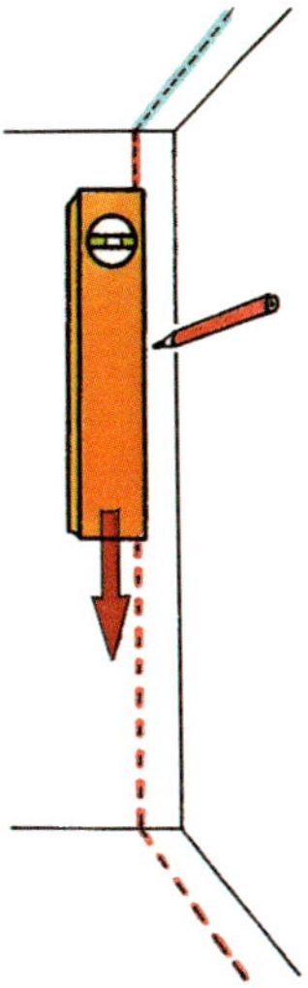

Ce traçage, au sol et au plafond, vous **servira de repère pour l'alignement des tasseaux**, en bas et en haut de paroi.

Prépercez vos tasseaux et clouez ou vissez près des extrémités **2 morceaux de latte** d'une hauteur de 4 à 5 cm (maximum).

Commencez par exemple par le haut, **alignez votre tasseau** sur le tracé précédemment réalisé, en commençant dans un angle, **mesurez en regard des perçages** la **distance mur-latte** qui correspondra à l'**épaisseur de calage** nécessaire **pour combler** les creux.

Positionnez les **calages** en **regard des perçages** du tasseau et **percez les cales**. Percez maintenant le mur (pour le chevillage) au travers de la latte et de la cale (procédez comme indiqué à la page 29). Chevillez et vissez votre tasseau.

Il ne sera peut-être pas nécessaire de réaliser un joint interrompu entre deux lattes consécutives, **le calage dans ce cas** de figure **suffira à assurer la circulation d'air**.

Procédez de même pour fixer le tasseau bas.

Les tasseaux en haut et en bas de paroi étant fixés, ils vous **serviront de référence pour l'alignement** de tous les autres **tasseaux intermédiaires**.

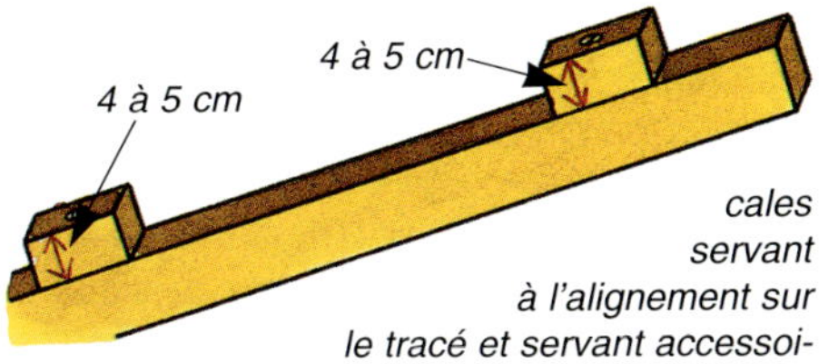

cales servant à l'alignement sur le tracé et servant accessoirement à la fixation d'une baguette de finition

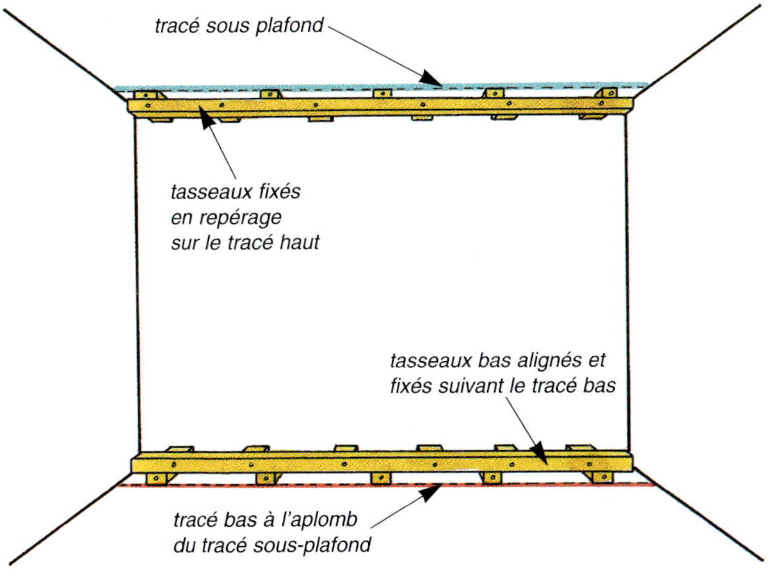

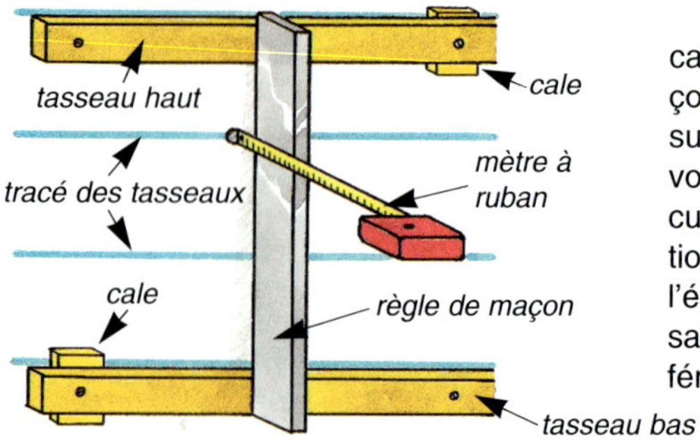

Ainsi en appliquant verticalement une règle de maçon ou une latte bien droite sur le tasseau haut et bas vous pourrez aisément calculer à chaque point de fixation des lattes intermédiaires l'épaisseur de cale nécessaire pour compenser les différences de planéité.

POSE D'UN LATTIS SUR UNE PAROI TRÈS IRRÉGULIÈRE

Si **une paroi** devait **présenter** des **défauts de planéité très importants**, il faudrait dans ce cas établir **un double réseau perpendiculaire de lattes**.

Procédez de la manière suivante :

— Après avoir tracé une **ligne de référence au plafond** ainsi que **sa projection au sol** (voir paragraphe page 32), commencez par fixer une série de lattes verticales (ou horizontales suivant le sens de pose final des lambris) espacées de 50 cm environ, en essayant d'**absorber par calage une partie des défauts de planéité**. Le réseau vertical posé, procédez à l'établissement **en superposition du réseau horizontal**.

— Tracez une **ligne verticale de référence** sur les murs adjacents (en partant de la ligne de référence haute) et **établissez votre lattis** horizontal en vous basant sur ce tracé. Posez d'abord le tasseau haut, puis le tasseau bas en concordance du tracé et compensez à nouveau, s'il y a lieu, par calage le « reste » des creux et vissez. Contrôlez régulièrement l'alignement des tasseaux avec la règle.

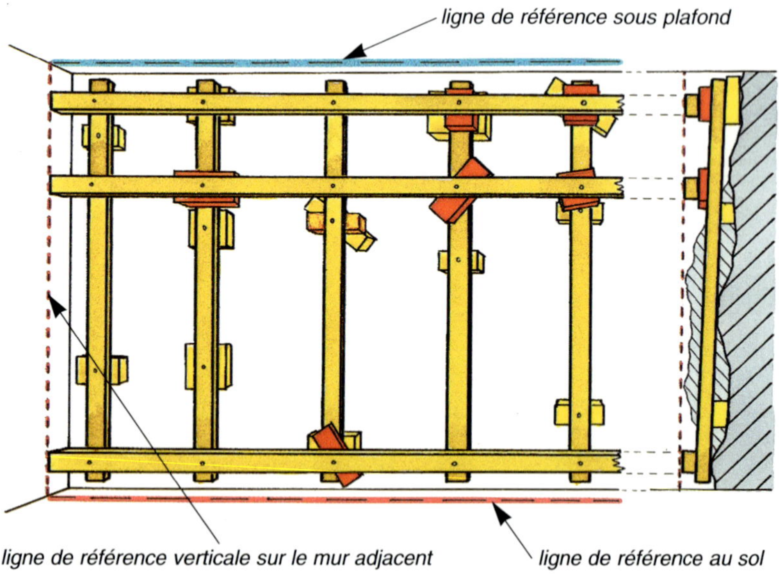

L'ASSEMBLAGE DES LAMES DE LAMBRIS

Quel que soit **le sens de pose** des lames, **horizontal**, **vertical ou oblique**, **l'assemblage en about** peut se réaliser de deux manières différentes :

— **la pose dite en « coupe perdue »**,
— **la pose dite en « coupe de pierre »**.

LA POSE EN COUPE PERDUE

On commence par **une lame entière** (1), voir dessin ci-dessous, **on aboute une deuxième lame**, voire une troisième (en fonction de la longueur ou de la hauteur du mur), **on termine la rangée** par **une lame coupée à la bonne longueur**. **La chute** de celle-ci **servira à commencer la rangée suivante**, on **continuera par une lame entière**, puis **la rangée sera terminée par une lame coupée**, **la chute** de cette dernière **viendra commencer la rangée suivante** et ainsi de suite.

Avec cette méthode de pose **aucun joint n'est aligné** ; par contre, c'est **la plus économique**, il n'y a pas de perte de matériaux, **toutes les chutes** de coupes **sont utilisées**.

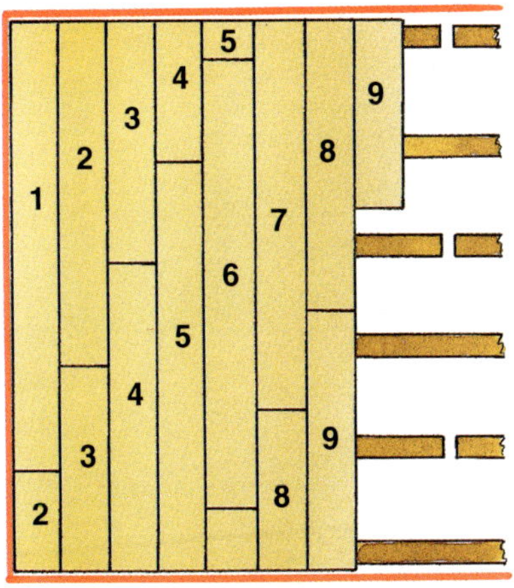

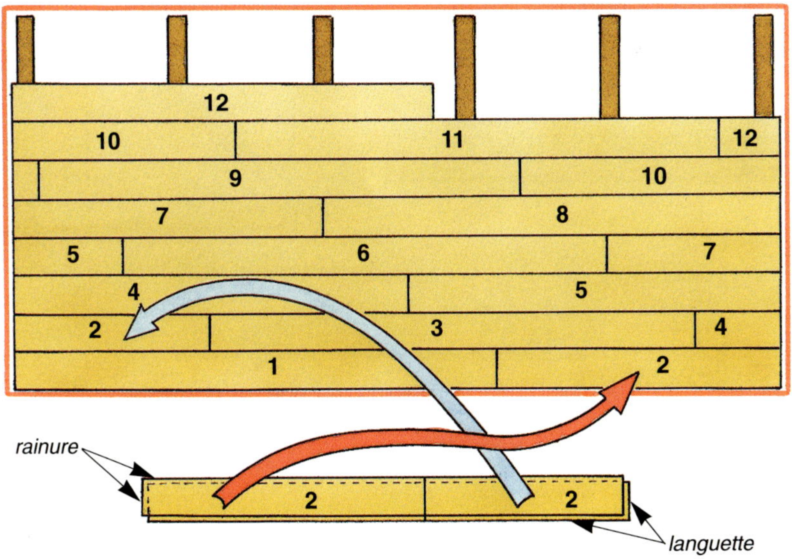

LA POSE EN COUPE DE PIERRE

Tous les joints sont alignés un rang sur deux.

Les **chutes** peuvent être **importantes** en fonction des dimensions du mur et de celles des lames de lambris. **Les lames sont aboutées un rang sur deux de part et d'autre de l'axe central** (lames 1 et 2) et coupées, si besoin, à la bonne longueur. **La rangée suivante** se poursuit par **une lame entière** (3) **centrée**. **Les portions** de lames **4A** et **4B sont coupées dans une lame entière**, et **aboutées à gauche** et **à droite de la lame 3**.

L'opération est répétée pour la troisième et la quatrième rangées de lames et ainsi de suite.

Cette méthode de pose est beaucoup **plus esthétique** que la précédente mais elle **occasionne parfois des chutes importantes**.

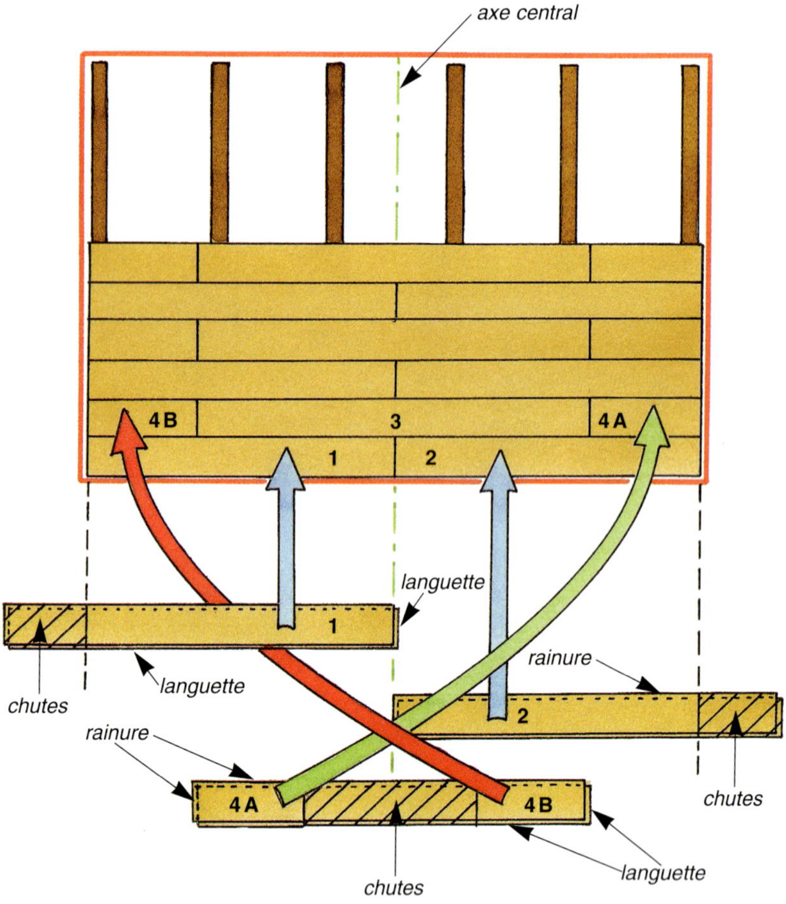

LAMBRISSAGE D'UNE PIÈCE

La pièce, située au 1er étage d'une maison individuelle, présente dans sa partie haute sur deux murs opposés, un décrochement en oblique correspondant à la pente du toit (**1**).

On décide, pour une question d'esthétique et pour casser un risque de monotonie, d'alterner le sens de pose des lambris sur les murs se faisant face. Le mur nord ne présentant aucune isolation en sous-pente on décide, également, de profiter du lambrissage pour l'isoler par l'intérieur.

1.

2. À hauteur du décrochement du mur (ici à 1,90 m du sol) deux repères sont marqués, l'un dans l'angle gauche, l'autre dans l'angle droit. Une ligne de référence (pour l'alignement des lambris) est tracée au cordeau à poudre sur ces repères.

2.

3.

3. L'horizontalité du traçage est vérifiée à la règle et au niveau à bulle. Il apparaît alors que la pièce présente une différence de niveau de plus de 5 cm. Le sol descend du côté gauche.

Une seconde ligne, horizontale cette fois, est tracée (en rouge sur la photo **5**). Elle servira de tracé de référence pour l'alignement des tasseaux et des lambris. Cette opération réalisée, la pose du réseau de tasseaux peut commencer (**5**).

4.

5

4. Pour gagner du temps, prépercez simultanément 3 ou 4 tasseaux superposés.

5. Ce mur devant être isolé, un premier lattis vertical, d'une épaisseur de 10 mm, est mis en place. Ce lattis dégagera du mur l'isolant et créera une lame d'air entre le mur et l'isolant.

6.

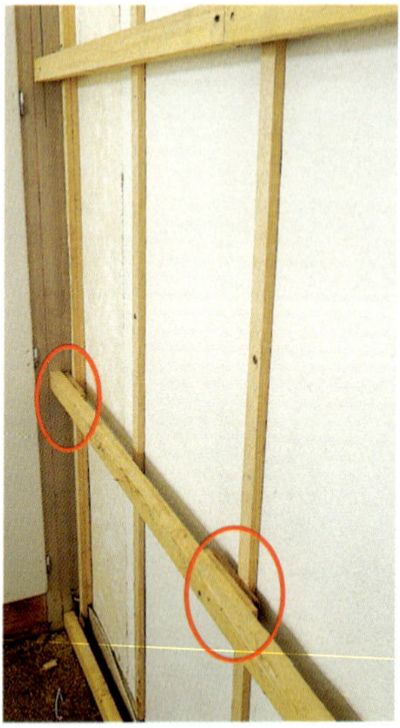

7

6. Fixez le tasseau horizontal haut, puis celui du bas, ils serviront de référence et d'appui à la règle pour l'alignement des tasseaux intermédiaires.

7. Le mur n'étant pas parfaitement rectiligne, comblez les différences de planéité par des cales.

8.

8. Fixez les tasseaux du réseau horizontal à un écartement correspondant à la largeur de l'isolant moins 1 ou 2 mm de manière à ce que celui-ci soit coincé.

9.

9. Fixez les tasseaux de la partie du mur en pente dans l'alignement du réseau bas.

0.

10. Mettez les panneaux d'isolant en place.

11. Posez la première lame, languette contre le mur, rainure à l'extérieur, son maintien est assuré par des clips agrafés.

12. Coupez la lame à l'intersection des 2 pentes.

13. Posez simultanément, dans l'alignement des lames basses, les lames hautes.

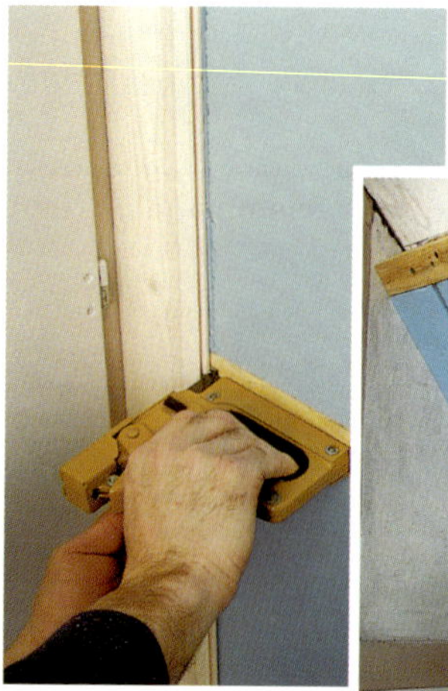

11.

12.

13.

14.

14. Progressez ainsi jusqu'à l'autre angle sans oublier de réaliser les découpes pour les prises ou les interrupteurs.

15.

16.

15 et *16.* La découpe des prises ou des interrupteurs est réalisée à la scie cloche.

17. *Ajustez les lames de l'angle adjacent avant de terminer.*

18. *Ajustez et positionnez la dernière lame, fixez-la par des pointes tête homme.*

17.

19. *La coupe des lames dans l'angle ne nécessite pas une grande précision, la dernière lame du mur précédent venant en appui contre le suivant.*

19.

20. *Ajustez les lames de manière à ce qu'elles soient affleurantes avec les tasseaux.*

21. *Continuez sous la tablette par des lames entières.*

21.

22.

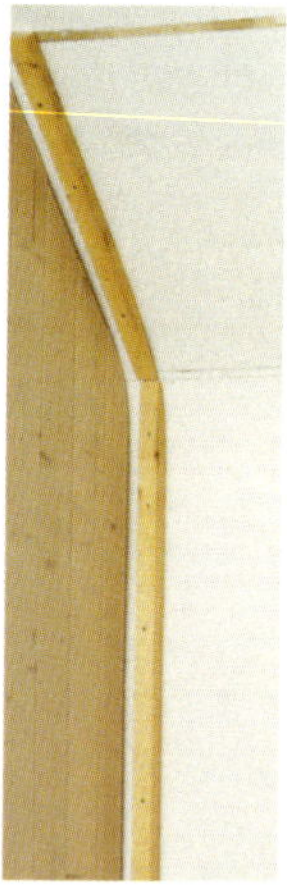
23.

24.

22 et *23.* Progressez jusqu'à l'angle suivant, laissez dépasser les coupes « plus loin » que l'épaisseur des tasseaux du mur suivant.

24. Assemblez à coupe de pierre les lames en commençant à l'intersection des pentes, retournez les lames hautes de manière à avoir la rainure en haut.

26. Les lames du mur adjacent viendront en recouvrement des lames précédentes.

25.

2

25 et *27.* Progressez vers le bas puis terminez par le haut.

29.

30. *À défaut d'une fausse équerre, une feuille de papier repliée permettra de reporter l'angle sur la lame à scier.*

30.

1.

32.

3.

28 *et* ***29.*** *Vérifiez avant la pose des lames l'alignement des tasseaux et commencez à l'intersection des pentes. Les lames hautes seront dans ce cas fixées dans la rainure par des pointes tête homme.*

31. *Fixez les tasseaux en affleurement des côtés de l'angle saillant.*

32 *et* ***33.*** *Assemblez en affleurement comme le montre la photo.*

34. *Finition de l'encadrement de fenêtre.*

35 *et* ***36.*** *La baguette d'angle est assemblée à coupe d'onglet.*

34.

35.

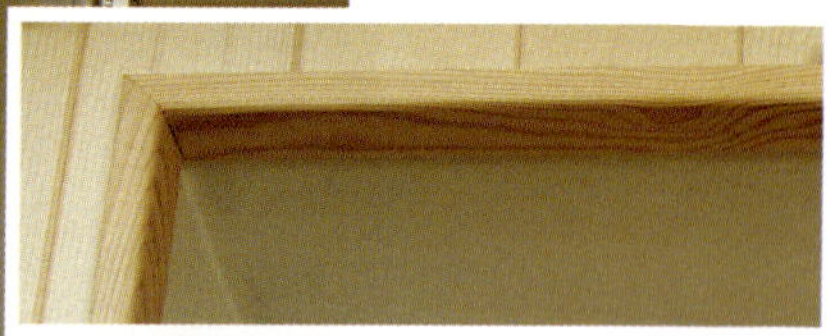

37. *Finition de l'ébrasement de porte.*

38. *La baguette est ajustée en profondeur et fixée avec des pointes tête homme.*

37.

38.

39. *L'assemblage se fait à coupe d'onglet.*

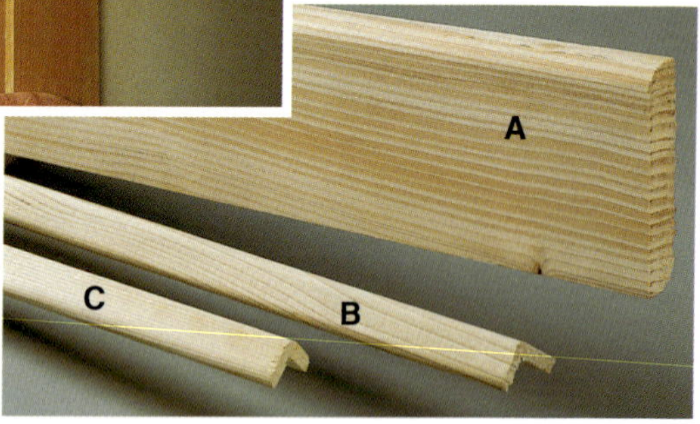

40. *Baguettes de finition.*
A - Plinthe.
B - Cimaise.
C - Cornière d'angle saillant.

2.

__41__ et __42.__ Clouage de la cimaise, elle assurera la finition haute.

__43.__ Ajustement à coupe d'onglet de la plinthe. Laissez un jeu de 3 à 5 mm sous la plinthe pour assurer une circulation d'air.

__44.__ Mise en place et ajustement de la cornière d'angle saillant.

4.

43.

45.

__45.__ La pièce est terminée, toutes les baguettes de finition sont en place.

4

47.

__46__ et __47.__ En angle rentrant, quand les lames sont bien ajustées en recouvrement, il est inutile de rajouter une baguettte de finition, en quart de rond par exemple.

LES PARQUETS

La notion de parquet a beaucoup évolué au fil des générations.

Hormis le carrelage, parquets ou planchers en bois étaient quasiment les seules solutions dans les anciennes constructions à solivage en bois, surtout dans les étages.

Les immeubles modernes, dotés de dalles en béton entre les étages, permettent la pose de revêtements de sol de toutes sortes : carrelages, sols plastiques, moquettes et parquets.

Parallèlement, les restaurations des logements anciens ont connu de grands changements. Les bâtiments « vidés », restructurés avec créations de dalles légères ou de planchers en panneaux assemblés à rainures et languettes, offrent les mêmes possibilités que les constructions neuves.

Durant une période, le parquet en bois a cédé le pas à des matériaux plus confortables au premier abord ou apparemment plus faciles à mettre en œuvre.

L'apparition de nouveaux matériaux, doublée de techniques de pose rapides et propres, a redonné aux parquets une place de choix.

Les qualités que l'on reconnaît aux parquets sont nombreuses :

— surfaces résistantes
  . aux chocs
  . à l'usure
  . aux taches
  . aux brûlures de cigarettes
  . aux rayons ultraviolets
  . aux rayures
  . au poinçonnement
— surfaces saines
— facilité d'entretien
— choix de matériaux naturels ou en reproduisant l'aspect
— grandes variétés de couleurs
— larges gammes de prix
— pose flottante ou fixe
— pose rapide et propre
— diverses possibilités de finition.

LES DIFFÉRENTS TYPES DE PARQUETS

Il existe essentiellement quatre catégories de parquets :
— **parquets traditionnels massifs**,
— **parquets contrecollés**,
— **revêtements de sol stratifiés**,
— **parquets mosaïque collés**.

Chacune d'elle est proposée avec une grande diversité de présentation.

PARQUETS TRADITIONNELS MASSIFS

Les lames de ces parquets se présentent avec les chants et les abouts usinés de rainures et languettes.

Les profils varient selon les fabricants. Dans tous les cas, ils doivent répondre à des normes précises.

La largeur varie de 50 à 70 mm (largeurs utiles les plus courantes).

La longueur est généralement comprise entre **300 et 600 mm**. Toutefois, pour **certaines essences** de bois (par exemple le pin des Landes), elle peut aller **jusqu'à 2 mètres**. **Au-delà, on ne parle plus de parquet, mais de plancher.**

L'épaisseur est, sauf exception, **de 23 mm**.

1 2 3 4 5 6

1. Chêne. 2. Érable sycomore. 3. Merbau (bois exotique). 4. Frêne. 5. Kambala (bois exotique). 6. Hêtre.

Les essences de bois **utilisées** sont souvent indigènes : **chêne**, **châtaignier**, **frêne**, **hêtre**, **érable**, **pin**...

Quelques **essences exotiques** sont également utilisées, souvent pour leur **qualité de résistance à l'eau** ou leur **dureté** : **teck**, **wengué**, **merbau**, **kambala**...

Pour une même essence de bois, il existe différentes qualités. L'importance des défauts est normalisée.

Dans certains cas, les défauts peuvent offrir un aspect rustique.

→

1. Sapin. 2. Pin des Landes. 3. Wengué. 4. Chêne. 5. Châtaignier (avec finitions diverses). 6. Chêne (finitions diverses). 7. Pin maritime (finitions diverses). 8. Pin maritime.

1
2
2
3
4
4
5
5
6
6
7
7
7
8

PARQUETS CONTRECOLLÉS

Les parquets contrecollés se divisent en deux catégories.

— **Parquets épais** qui peuvent être mis en œuvre en pose traditionnelle **clouée**, en **pose collée** ou en **pose flottante**.

— **Parquets fins**, pour **pose flottante**.

Les parquets contrecollés sont apparus pour des **raisons économiques** et **pratiques**.

— D'une part, **l'épaisseur** de bois **d'essence fine en *parement*** est réduite. Elle mesure de **2 à 8 mm** pour les parquets d'épaisseur **14 à 23 mm** (**1**, **1bis**, **4**, **5** et **6**) et de **0,6 à 1,5 mm** pour les parquets fins, d'une épaisseur de **8 à 10 mm** (**2** et **3**).

— D'autre part, **la stabilité dimensionnelle** conférée par le support permet de réaliser des « panneaux » larges, ce qui accélère sensiblement la pose.

1.

1 bis.

2.

— La stabilité dimensionnelle offre un autre avantage, de taille ; grâce à la **précision extraordinaire** des machines d'usinage et de finition, ces parquets peuvent être **livrés poncés**, ou **poncés et vernis en usine**. Cela ouvre la possibilité à des fantaisies décoratives, la couleur fait son entrée sur le parquet.

Certains des **parquets contrecollés épais peuvent être cloués**, comme les lames massives. Mais ATTENTION ! Un coup de marteau mal placé est vite arrivé. Un angle ou une arête écrasé sur une lame vernie n'est pas vraiment du plus bel effet.

En général, ces parquets sont **plutôt conçus** pour **la pose flottante** ou **pour être collés**.

Les parquets fins, par leur conception, sont prévus **uniquement** pour **la pose flottante**.

1bis. *Revers du parquet 1.*

3.

__3.__ Lames présentant une épaisseur de bois d'essence fine en parement de 0,8 mm, pour une épaisseur totale de la lame de 10 mm.

__4.__ Lames présentant une couche d'usure du bois de 5 mm pour une épaisseur de 23 mm.

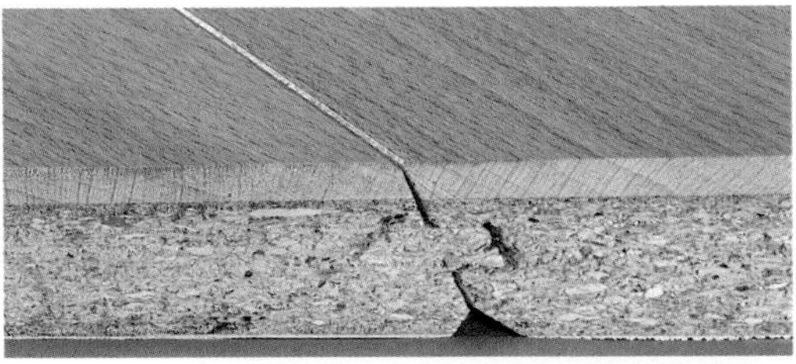

4.

__5.__ Couche d'usure de 3,2 mm montée sur un aggloméré de 14 mm.

5.

__6.__ Couche d'usure de 4 mm montée sur un contreplaqué de 12 mm.

6.

1.

1. *Parquet contrecollé vitrifié de 14 mm sur support aggloméré haute densité. Chêne fumé, lames de 420 mm x 90 mm avec une couche d'usure de 3,2 mm. Convient à une pose sur sol chauffant avec colle spéciale.*

2. *Parquet contrecollé vitrifié de 14 mm sur support aggloméré haute densité. Chêne cérusé brossé, lames de 590 mm x 90 mm avec couche d'usure de 3,2 mm. Convient à une pose sur sol chauffant avec colle spéciale.*

3.

3. *Parquet contrecollé vitrifié de 24 mm sur support aggloméré haute densité. Hêtre, lames panachées de 420, 660, 900, 1 320 mm x 90 mm, couche d'usure de 5 mm. Convient à une pose sur sol chauffant avec colle spéciale.*

4. *Détail des chanfreins en bord des lames.*

REVÊTEMENTS DE SOL STRATIFIÉS

Les revêtements de sol stratifiés ont fait une entrée en force dans les aménagements intérieurs. Grâce à **un décor reproduisant** à merveille **le bois**, **ils concurrencent** très fortement les parquets contrecollés fins, mais surtout **prennent le pas** sur les moquettes et autres revêtements plastiques.

Simplicité et rapidité de pose sont leurs grands atouts.

La conception du produit est très proche de celle du parquet fin contrecollé. Il présente un support, généralement en fibres agglomérées haute densité, un décor, une couche d'usure et de protection et une couche d'équilibrage.

1. *Support.*
2. *Décor.*
3. *Couche de protection et d'usure.*
4. *Couche d'équilibrage.*

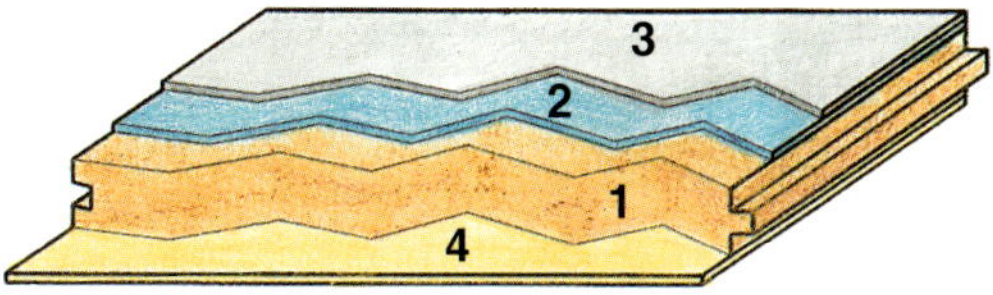

La couche décorative reproduit à s'y méprendre **le vrai bois**. De **nombreuses** variétés d'**essences** et de **couleurs** sont proposées.

Pour les **meilleures qualités**, **décor** et **couche de protection forment un véritable stratifié**, composé de plusieurs couches imprégnées de résines thermodurcissables.

* *Voir page 96.*

PARQUETS MOSAÏQUE COLLÉS

Les parquets mosaïque sont formés par un **ensemble de petites lames**, d'une **épaisseur de 8 à 10 mm**. Ils sont **collés sur le sol**, que ce soit **à même la chape** ou sur une sous-couche en **panneaux de particules**.

Pour simplifier et accélérer la pose, **les fabricants présentent ces parquets en panneaux** dans lesquels les lames sont reliées entre elles par un filet. Ce **filet sera pris dans la colle** lors de la pose.

Les parquets mosaïque existent en de **nombreuses essences**. Leur grand **point fort**, ce sont **les dispositions originales** que permet d'obtenir ce genre de parquet.

Un bricoleur disposant d'une scie précise et d'une raboteuse peut très bien **fabriquer son parquet lui-même** et créer des réalisations vraiment uniques.

Ces parquets ont un inconvénient : du fait qu'ils sont **collés par petits bouts**, ils sont **relativement inégaux après pose**. **Un ponçage** avec une grande ponceuse à parquet **est indispensable avant** toute **application de produit de finition**.

La fabrication des parquets est réglementée par une série de normes. Ces normes traitent de **la qualité des matériaux** (absence ou diamètre des nœuds, hygrométrie du bois, etc.).

Elles définissent également les profils et la précision des assemblages.

1.

3.

*1. **Érable**. 1er choix. Petites lames, pose en coupe de pierre.*

*2. **Chêne**. 1er choix. Petites lames, pose en coupe de pierre.*

*3. **Chêne brut**. Pose en coupe de pierre (taille des lames 250/50 mm).*

***1. Merisier**. Pose en damier.*

***2. Frêne**. Petites lames posées en damier.*

.

2.

***3. Chêne**. Petites lames (160/23), pose à bâtons rompus, par groupes de trois lames.*

3.

4.

***4. Chêne et acajou**. Pose en carré avec cabochon.*

***5. Chêne**. Décor alterné, pose en damier à petites lames (120/24) et croix de saint André en lames larges.*

***6. Chêne**. Décor alterné, damier à petites lames placées à 45° et croix en lames larges.*

5.

6.

CHOISIR UN PARQUET

Qu'est-ce qui va en définitive nous inciter à choisir une solution plutôt qu'une autre ? Parquet massif plutôt que mosaïque, revêtement de sol plutôt que parquet massif ?

Les facteurs de choix sont nombreux :

— **Économique**

Cher ou pas cher ?

Revêtement de sol pour quelques années ou parquet pour une vie ?

— **Esthétique**

Vrai bois ou imitation ?

Bois naturel ou couleur ?

— **Pratique**

Pose facile et rapide ou pose plus complexe ?

Produit brut, à finir ou fini ?

— **Confort**

Marche souple ou ferme ?

Degré de transmission des bruits d'impacts.

Présence d'un chauffage au sol ou non ?

— **Emplacement**

Usage intensif ou passage occasionnel.

CLASSEMENT UPEC

Pour nous aider dans notre choix, nous disposons d'un outil qui s'appelle « **classement UPEC** ».

Ce classement (publié dans les cahiers du CSTB* d'août 1996) **codifie, en France, les performances minimales des sols à poser dans différents locaux non industriels** et **détermine les caractéristiques des produits** correspondant à chaque revêtement de sol.

Les lettres U, P, E, C, correspondent à :

U : usage, résistance à l'usure.

U2 : locaux privatifs à trafic normal,

U2s : indice intermédiaire pour locaux privatifs à trafic important ou locaux collectifs à trafic faible,

U3 : locaux collectifs à trafic normal,

U3s : indice intermédiaire,

U4 : locaux collectifs à fort trafic.

P : poinçonnement par le mobilier statique ou mobile.

P2 : locaux à mobilier mobile en usage normal,

P3 : locaux sans restriction de trafic ni de mobilier,

P4 : locaux soumis à toutes sortes de charges fixes ou mobiles.

E : tenue à l'eau.

E1 : locaux secs à l'entretien occasionnel humide,

E2 : locaux humides ou entretien usuel par voie humide,

E3 : locaux humides en permanence et entretien à grande eau.

* *CSTB : Centre Scientifique et Technique du Bâtiment.*

C : tenue aux agents chimiques.
C0 : utilisation exceptionnelle de produits ménagers,
C1 : utilisation occasionnelle de produits ménagers,
C2 : utilisation fréquente de produits ménagers,
C3 : utilisation normale de produits particuliers.

L'objectif de ce classement est d'obtenir, moyennant **un entretien normal**, que **les revêtements aient** une **durée de vie** d'au moins **10 ans**.

Il est évident que le même produit, traité avec attention et entretenu avec soin, peut voir sa durée de vie considérablement augmentée.

À ce jour, **les parquets sont classés** pour leur **résistance à l'usure**, en fonction de leur **dureté Monnin** et de l'**épaisseur de leur parement**, entre U2 et U3s (certains parquets tropicaux très durs peuvent être placés dans des locaux U4 P3). Pour les autres, ils sont toujours P2 E1 C0.

PRÉCISIONS SUR LES PARAMÈTRES DE MESURES

La dureté Monnin :
Elle est mesurée par **la profondeur de l'empreinte laissée par une forme cylindrique** sur laquelle **est appliquée une force donnée** (cylindre de diamètre 30 mm, de longueur supérieure à 20 mm avec une force appliquée de 1960 N).

La dureté Brinell :
Elle est mesurée par **la profondeur de l'empreinte laissée par une bille de 23 mm** de diamètre, **d'un poids d'1 kg, lâchée** d'une hauteur **de 50 cm**. Ce test permet de **mesurer la dureté du bois** et donc indirectement **la résistance au poinçonnement**.

Le tableau ci-contre donne une valeur de comparaison de la dureté des essences de bois, mesurée en newtons/mm.

Sapin	1,5
Pin	2
Mélèze	2,2
Châtaignier	2,3
Bouleau	2,9
Merisier	3
Hévéa	3,2
Iroko	3,2
Hêtre	3,4
Érable	3,4
Chêne	3,4
Frêne	3,5
Eucalyptus	3,9
Merbau	4,3
Angélique	4,4
Wengé	4,5

Classement conventionnel UPEC des parquets.

Le classement conventionnel des parquets est, depuis la parution du DTU (Documents Techniques Unifiés) 51.11 en décembre 1997, uniquement lié à l'épaisseur de la couche d'usure conformément au tableau ci-contre.

Épaisseur de la couche d'usure e (mm)	Classement
$2 \leq e < 4,5$	U2 P2 E1 C0
$4,5 \leq e < 7$	U2s P2 E1 C0
$e \geq 7$	U3 P2 E1 C0

Le classement UPEC n'est donné qu'à titre informatif dans le DTU. En effet, d'autres classements plus favorables sont susceptibles de voir le jour, notamment dans le cadre de certifications comme celle de la marque de qualité NF Parquets.

Le test Taber :

Normalisé par la norme européenne EN 438-2,6 et concernant **les revêtements stratifiés**, il permet **de mesurer** et **d'étalonner la résistance à l'usure**.

RÉGLEMENTATION ACOUSTIQUE

Dans les logements comme à l'extérieur, **le bruit** est de plus en plus **considéré comme une nuisance majeure**. En matière de pose de parquet et de revêtement de sol, nous n'avons pas le droit de faire ce que bon nous semble, du moins en ce qui **concerne les logements des immeubles collectifs**.

Votre voisin du dessous ne vous entendait pas marcher sur la moquette, et voilà que tout d'un coup, il devrait admettre que chaque pas résonne dans sa tête. Si vous habitez un tel immeuble, adressez-vous à votre syndic avant d'arracher la moquette que vous ne pouvez plus voir. Il sera en mesure de vous préciser ce que vous pouvez faire.

Une Nouvelle Réglementation Acoustique (NRA) est entrée en application au 1er janvier 1996. Cette réglementation **fixe la valeur légale d'isolation des planchers aux bruits d'impacts** (y compris les revêtements de sols) conduisant à un niveau sonore de 65 dB (A)* contre 70 dB (A) précédemment. **Au 1/1/1999, le seuil passe à 61 dB (A)**.

Le parquet est tout à fait apte à passer dans la NRA à condition de lui **adjoindre une sous-couche résiliente appropriée**.

Lorsque l'on a le choix, il faut **privilégier une pose en flottant pour obtenir la meilleure performance acoustique**.

Depuis le 1er janvier 1996, **pour les logements collectifs**, **les produits non certifiés** faisant l'objet d'un essai type doivent afficher **un Delta L** d'au moins 15 dB (A)**. **Les produits certifiés** (dont la qualité est contrôlée régulièrement) doivent présenter **un Delta L d'au moins 13 dB (A)**.

* *dB (A) : Unité de mesure légale de niveau sonore en France. Elle ne doit pas être confondue avec l'unité dB utilisée dans d'autres pays de la CEE. À performances égales, un résultat exprimé en dB (A) est inférieur de 2 à 3 points à un résultat exprimé en dB.*

** *Delta L : indice de mesure de l'efficacité d'un revêtement (plus le Delta L est élevé, meilleur est le revêtement).*

NORMES CONCERNANT LES REVÊTEMENTS DE SOL

Pour répondre au rythme soutenu du développement des revêtements de sol à parement mélaminé ou stratifié, les instances de normalisation française et européenne ont publié une normalisation précise basée sur la définitition de domaines d'utilisation à partir de caractéristiques techniques auxquelles répondent les différents produits du marché.

NORME FRANÇAISE NF B 54-020, de juillet 1996

Cette norme définit les caractéristiques des éléments rigides de revêtements de sol à parement aminoplaste thermodurcissable et âme à base de bois (revêtements de sol stratifiés) ainsi que les classes d'utilisation pour des usages domestiques.

Les caractéristiques définies portent sur les dimensions, l'aspect ainsi que sur des aptitudes fonctionnelles des éléments de revêtement de sol :

— **Aptitude à des sollicitations hygrothermiques** (planéité, variations dimensionnelles, ouverture des joints entre les différentes lames ou dalles de revêtement de sol, tenue des plans de collage),

— **Aptitude à l'usage** (comportement aux sollicitations hygrothermiques, résistance à l'arrachement de surface, résistance à l'abrasion, résistance aux chocs, à la lumière, aux brûlures de cigarettes, aux roulements, aux frottements, au poinçonnement statique, réaction au feu, propriétés acoustiques).

En fonction des caractéristiques techniques du produit, celui-ci peut revendiquer l'appartenance à une classification pour usage domestique, trois classes étant définies :

- **Classe 1** : Usage domestique modéré
  (Exemple : chambre à coucher des parents).
- **Classe 2** : Usage domestique général
  (Exemple : chambre à coucher à l'étage ou bureau).
- **Classe 3** : Usage domestique élevé
  (Exemple : pièce avec accès direct sur l'extérieur).

Classes	Caractéristiques générales d'usage
1 — Domestique modéré	
2 — Domestique général	
3 — Domestique élevé	

Les pictogrammes ci-contre doivent figurer sur les emballages des produits s'ils revendiquent l'appartenance à une des trois classes.

NORME EUROPÉENNE EN 385

Pour les mêmes types de produits, il existe **une norme européenne**.

En fonction des réponses à un certain nombre de **caractéristiques dimensionnelles**, **d'aspect** ou **d'aptitudes fonctionnelles**, un produit peut revendiquer l'appartenance à une classe de produit.

La Norme européenne a défini 6 classes d'utilisation :

— Trois classes pour les **usages domestiques**.

— Trois classes pour les **usages commerciaux**.

♦ **Classe 2-1** : Usage domestique modéré (chambre à coucher des parents).

♦ **Classe 2-2** : Usage domestique général (chambre à l'étage, bureau dans pavillon).

♦ **Classe 2-3** : Usage domestique élevé (entrée pavillon).

♦ **Classe 3-1** : Usage commercial modéré (bureau ou salle de réunion).

♦ **Classe 3-2** : Usage commercial général (boutique, réception public, passage régulier et important).

♦ **Classe 3-3** : Usage commercial élevé (lieux publics et passage important).

Classes	**Caractéristiques générales d'usage**
2-1 — Domestique modéré	
2-2 — Domestique général	
2-3 — Domestique élevé	
3-1 — Commercial modéré	
3-2 — Commercial général	
3-3 — Commercial élevé	

Les pictogrammes ci-contre doivent figurer sur les emballages des produits si ceux-ci revendiquent leur appartenance à une de ces six classes d'utilisation.

LA POSE

Nous avons vu plus haut que **la fabrication des parquets est réglementée** par **des normes bien précises**.

De la même manière, **la pose est régie par les conditions données dans les DTU** (Documents Techniques Unifiés), édités par le CSTB.

Le particulier qui pose un parquet dans sa maison n'est pas tenu de respecter ces prescriptions très précises. D'ailleurs, ce livre ne suffirait pas à les détailler.

Certains DTU sont anciens, concernant des produits qui ne subissent pas d'évolution dans leur mise en œuvre. D'autres sont plus récents, suivant l'apparition et les évolutions des matériaux et des techniques de pose.

LES DTU

LE DTU 51.1 — OCTOBRE 1983

Ce DTU **concerne la pose clouée**, donc les **parquets massifs** et **contrecollés** posés sur solives, sur lambourdes clouées sur solives, sur lambourdes flottantes sur chape ciment ou sur faux planchers reposant éventuellement sur une forme en sable.

LE DTU 51.2 — AOÛT 1995

Ce DTU **concerne la pose collée**, donc les **parquets mosaïque**, les **parquets massifs** ou **contrecollés** de 10 à 15 mm d'épaisseur, les **parquets lamelles** sur chant, les **parquets** et pavés **en bois debout**. Ils peuvent être posés avec ou sans sous-couche sur béton surfacé, sur panneaux de contreplaqué ou éventuellement de particules, sur chape flottante, sur chape rapportée.

NF B 54 020

Caractéristiques des revêtements de sol à parement aminoplaste thermodurcissable et âme à base de bois (revêtements de sol stratifiés).

LA NORME EUROPÉENNE EN 685

Définit les caractéristiques et les **classes d'utilisation** des revêtements de sol à **usage domestique** et à **usage commercial**.

LA NORME NF P 90 203

Définit plus spécifiquement les points auxquels doivent répondre **les parquets de salles sportives** dans les domaines de souplesse, de restitution d'énergie, d'amortissement des chocs.

LE DTU 51.11 (RÉVISION du 51.1) PUBLIÉ EN DÉCEMBRE 1997

Ce DTU **concerne la pose flottante** des parquets et des revêtements de sol **contrecollés à parement bois**, que l'on peut poser sur tout support plan, propre, sec et stable, comme par exemple un béton surfacé, une chape, un plancher ou faux-plancher de panneaux de bois reconstitué, ou un ancien revêtement (carreaux, dalles plastiques...).

LE DTU 51.3

Ce DTU **concerne les planchers en bois** ou en panneaux dérivés de bois.

LES DTU 65.6, 65.7 et 65.8

Ces DTU **concernent les règles à respecter** pour la réalisation du support dans le cas particulier **de pose de parquet sur sols chauffants**.

Les parquets et les revêtements de sol peuvent être posés de manière à obtenir des dessins différents. **La dénomination des styles ne change pas**, qu'il s'agisse de **parquet massif**, **contrecollé** ou **mosaïque**.

PARQUET « À L'ANGLAISE »

Parquet dont les lames sont disposées parallèlement.

PARQUET « À L'ANGLAISE À COUPE PERDUE »

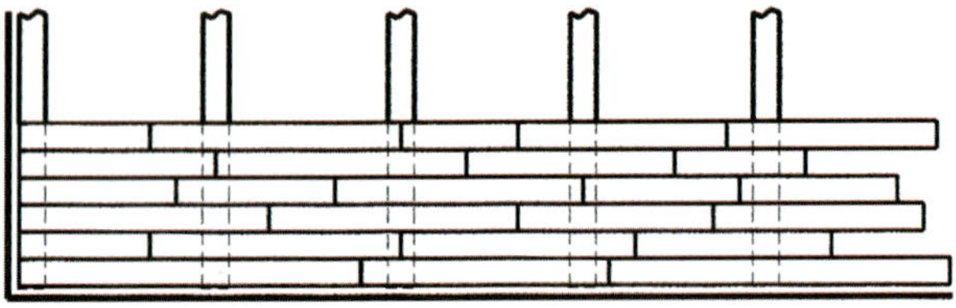

Le parquet est constitué de lames aux longueurs égales ou disparates. Les joints tombent au hasard. La chute d'une fin de rangée commence la suivante.

PARQUET « À L'ANGLAISE À COUPE DE PIERRE »

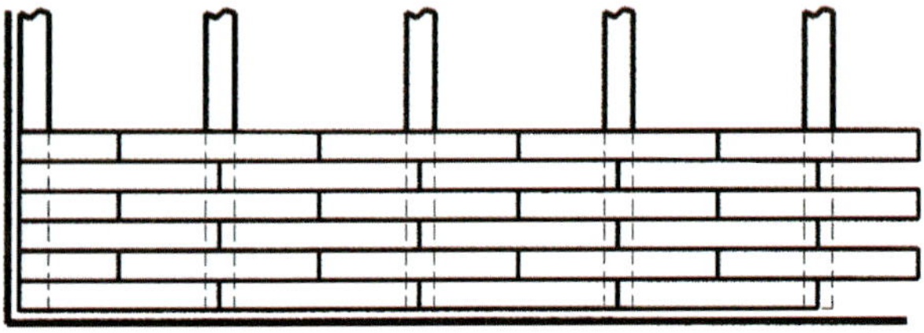

Parquet constitué de lames de longueurs égales. Les joints en about sont alignés un rang sur deux.

Remarque

Sur le dessin, une partie des joints est placée sur les lambourdes. Cela n'est pas obligatoirement nécessaire.

PARQUET « À BÂTONS ROMPUS »

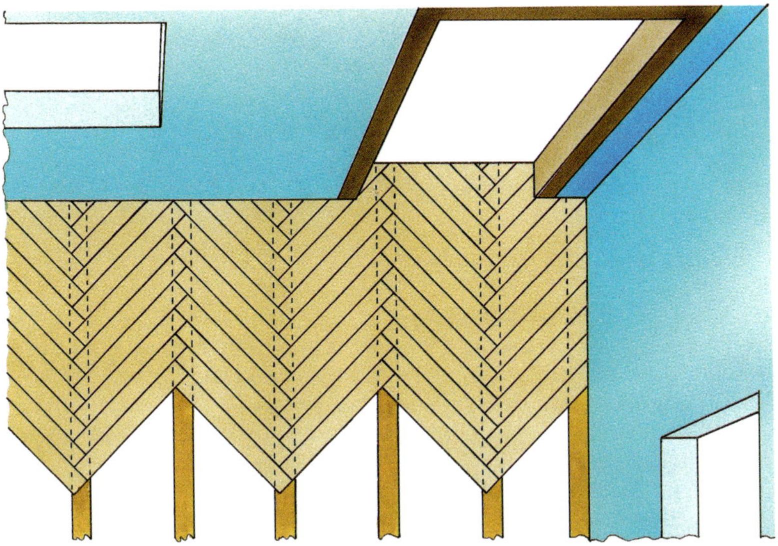

Ce parquet est constitué de lames de mêmes dimensions, ayant les bouts coupés à angle droit. Elles sont posées perpendiculairement entre elles, suivant un angle de 45° par rapport aux directions des parois et / ou des lambourdes.

PARQUET « EN POINT DE HONGRIE »

Parquet constitué de lames à parquet de mêmes dimensions, ayant les bouts coupés suivant un angle de 45° ou 60° et formant des travées parallèles entre elles.

STOCKAGE DU PARQUET

Le parquet doit **être stocké dans son conditionnement d'origine, paquet fermé**, dans la pièce où il doit être posé, au moins **48 heures à l'avance**.

Il y a lieu de **s'assurer** que la **pièce est saine** et à l'abri des **remontées d'humidité**.

Attention

Ces précautions sont particulièrement importantes. La plupart des désordres constatés après pose proviennent du non-respect de ces règles primordiales.

LA PIÈCE À PARQUETER

— **Le support doit être sec**, les travaux de mise en œuvre du carrelage ou d'autres revêtements à proximité de la pièce à parqueter doivent être terminés. **Les portes, fenêtres, vitrages... doivent être en place**.

— **La température ambiante** de la pièce doit être comprise entre **15 et 20 °C**. Dans le cas de **pose** de parquet **sur sol chauffant** un **préchauffage est nécessaire**.

— Tous **risques de réhumidification** ultérieure de la pièce doivent avoir été **éliminés**.

PRÉPARATION DES SUPPORTS

CHAPES NEUVES ET CHAPES ANHYDRITES

Vérification de l'hygrométrie.

Pour un particulier, nous conseillons de **respecter une attente de 15 jours de séchage par centimètre d'épaisseur**.

Pour le professionnel, il y a des contraintes précises à respecter. En effet, dans le **cas de non-respect** de cette règle, **le poseur est** toujours **responsable des litiges ultérieurs**.

Le taux d'humidité ne doit pas **excéder 3 %**, sinon des dommages irrémédiables et directement liés au taux d'humidité résiduel apparaîtront.

Pour vérifier le taux d'humidité, on utilise un **testeur d'humidité à ultrasons ou chimique**. L'appareil de contrôle à ultrasons permet instantanément de contrôler cette hygrométrie. En cas de dépassement du seuil de 3 %, il faut attendre le séchage en l'accélérant par **une ventilation de la pièce**, soit par **le chauffage**, soit par **un déshumidificateur d'air**.

Dans le cas d'une **chape neuve**, on peut utiliser **des phénolphtaléines à 2 %**. Pour procéder à ce test, faire un petit trou d'environ 10 mm de profondeur (avec un foret de 5 mm) et déposer une goutte de ce produit.

Si la chape n'est pas sèche, le produit vire au rose, voire au violet. Si après vingt secondes, la couleur du produit n'a pas changé, cela signifie que la chape est tout à fait sèche.

Cas particulier des chapes anhydrites.

Les chapes liquides à base d'anhydrite synthétique, de sable et d'adjuvants doivent faire l'objet de précautions particulières pour la mise en place des parquets.

Le temps de séchage est plus long et le taux d'**humidité résiduelle** doit être au maximum de **0,5 % sans chauffage** incorporé et au maximum de **0,2 % avec chauffage** incorporé (le test doit être uniquement effectué dans ce cas par un hygromètre « CM »). La pose d'un parquet flottant ne posera pas ensuite de problèmes particuliers dans la mesure où l'état de surface de ce type de chape est en principe parfait.

En revanche, l'anhydrite étant sensible à l'humidité, **le choix de la colle et du primaire éventuellement nécessaire** doit être fait précisément en **fonction des recommandations du fabricant**. Il semble préférable d'utiliser des colles en solution alcool et d'exclure les colles polyuréthanes ou vinyliques.

VÉRIFICATION DE LA PLANIMÉTRIE

Il faut s'assurer de **la planimétrie de la chape** avec une règle de 2 m. La **tolérance est de ± 2 mm** sous la règle. On peut effectuer **des ragréages** ou **des rabotages** ponctuels aux endroits que l'on aura pris soin de marquer à la craie au moment du contrôle à la règle.

MISE EN PLACE DE LA SOUS-COUCHE (POSE FLOTTANTE)

La mise en place d'une sous-souche résiliente est très utile ; elle apporte :

— **un confort à la marche** (souplesse, atténuation des bruits de pas),

— **une amélioration des performances acoustiques** des parquets aux bruits d'impact (de -16 dB (A) à -20 dB (A) selon l'épaisseur).

Le type de sous-couche est directement lié au type de support sur lequel sera posé le parquet.

Le tableau ci-dessous compare un certain nombre d'éléments.

Support	Type de sous-couche					
	Mousse résiliente	Liège	Polyane	Panneaux de fibres	Feutre goudronné	Carton gaufré
Chape neuve	A	B	A	C	B	C
Carrelage, sol souple, ancienne chape	A	A	C	A	A	B
Ancien parquet	B	B	C	A	B	B
Sol chauffant	A	C	C	C	C	A
Pièce « humide »	A	C	A	C	C	C

A : recommandé — **B** : adapté — **C** : à proscrire.

La sous-couche doit **être posée sans chevauchement des lés**. Ils peuvent être maintenus côte à côte (pour éviter le chevauchement) par des morceaux de ruban adhésif tous les mètres environ.

CARRELAGES ET SOLS SOUPLES

On peut procéder directement à la pose de la sous-couche, en appliquant le même mode opératoire que précédemment. Il faut prendre soin de **combler les espaces vides** s'il manque des carreaux ou des morceaux de revêtement.

MOQUETTES

Il est possible de poser le parquet directement sur de la moquette aiguilletée rase. En revanche **la pose sur moquette haute est déconseillée**. Elle provoque la rupture du film de colle entre les lames.

Si la moquette est laissée (cas de la moquette rase), il faut auparavant **la nettoyer en profondeur** et **attendre qu'elle soit bien sèche**.

Si on enlève la moquette, **bien nettoyer** la surface avant de poser la sous-couche isolante.

ANCIENS PARQUETS

Une pose sur un ancien parquet est possible moyennant un certain nombre de précautions.

— **Le support doit être parfaitement stable**.

— Si le parquet est vermoulu ou fragilisé, il faudra **le consolider**, puis mettre en place **des dalles agglomérées** assemblées à rainures et languettes.

— Si le parquet est **usé localement**, il conviendra de **raboter les bosses** et de **ragréer les creux**.

— Si le parquet comporte **des lames concaves ou convexes**, il conviendra de disposer, en guise de sous-couche, **des panneaux de fibres** qui auront pour **effet d'éliminer et d'atténuer les creux et les bosses**.

— Si l'ancien **parquet grince**, il faut **revisser fermement les lames** aux endroits concernés, et cela avant d'égaliser ou de poser une sous-couche.

POSE DES PARQUETS TRADITIONNELS

POSE D'UN PARQUET AVEC RATTRAPAGE DE NIVEAU

Ce chantier se trouve dans **une maison plusieurs fois centenaire**. **Le vieux plancher a été arraché**, les amas de poussières et de saletés qui se sont infiltrées entre les lames au cours des siècles ont été évacués au mieux.

Sous les poutres **un torchis**, matériau constitué d'argile et de paille tressée, **est conservé** en raison de ses excellentes **qualités d'isolant thermique** et phonique. Les murs seront doublés, avec ventilation, après la pose du parquet.

La pièce présente un faux aplomb d'une dizaine de centimètres... Pour **redresser le niveau**, le moyen le plus simple en présence de solives de forte section consiste à **fixer des planches de chaque côté** de ces dernières. Il s'agit de planches brutes, plus ou moins larges selon l'endroit où elles iront, avec simplement **le chant haut dressé** (bien droit).

1.

1. Le point le plus haut de la pièce est recherché : soit en ayant tracé sur le mur un trait parfaitement horizontal à 1 m environ du sol, soit avec une règle surmontée d'un niveau à bulle, en procédant par calages successifs. ***A.*** *Traçage à 1 m.* ***B.*** *Cales.*

Note

En prévention, avant la fixation des planches, les solives sont soigneusement imprégnées de produit fongicide et insecticide.

2.

__2.__ Une première planche est fixée le long de la solive présentant le point le plus haut. Elle est directement clouée, contre celle-ci, en veillant à son horizontalité et en concordance avec le repérage du point le plus haut.

3.

__3.__ Une deuxième planche est fixée le long de la solive à l'autre extrémité de la pièce. Règle et niveau permettent de déterminer sa position. Clouez-la à ses deux extrémités.

4.

4. Deux nouvelles planches sont mises en place, toujours alignées avec la règle.

5.

5 et 6. Pour maintenir les planches en attente de fixation, nous utilisons des serre-joints. Ils facilitent le positionnement précis et le blocage durant le clouage.

6.

7.

7. Les planches sont mises en place, solive après solive. Elles sont clouées dans un premier temps à chaque extrémité.

8

8. Pour le clouage définitif des planches, on contrôle leur alignement en plusieurs points, au centre, à un tiers, aux deux tiers.

9. L'ensemble du réseau de planches est en place.

9.

10.

10. Des lattes sont fixées sur l'arrière de la dernière solive pour éviter les vibrations et l'affaissement du parquet en raison du porte-à-faux trop important. Ces lattes sont taillées en sifflet, éventuellement calées, pour être ajustées en hauteur avec le réseau de planches déjà en place.

Lorsque le rattrapage du niveau est achevé dans toute la pièce, poutres et lattes sont traitées dans tous les endroits accessibles avec un produit insecticide et fongicide.

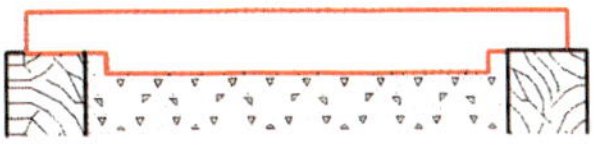

11.

11. Les vides entre les poutres sont remplis avec un granulat d'isolant thermique et phonique. Ces matériaux offrent l'avantage d'être rapides et faciles à déverser et de remplir parfaitement tous les interstices. Les parties sur les solives suffisamment hautes seront garnies de la même matière.

11bis. Le granulat est égalisé à l'aide d'une réglette découpée de façon à obtenir un retrait de 20 mm. Les parties sur les solives suffisamment hautes sont égalisées de la même manière.

12. La première largeur de lames du parquet est mise en place. Par précaution, nous laissons un jeu de 10 mm le long du mur, pour prévenir tout soulèvement en cas de gonflement. Cette rangée est clouée en traversant la lame avec des pointes de 60 mm tête homme. Le clouage commence aux deux extrémités.

13. Les lames en place sont solidement calées. Elles ne doivent ni bouger, ni se décaler lors des clouages « tirant » qui vont être utilisés pour fixer le parquet.

13.

14.

14. Le chantier est maintenant bien démarré. Des parties de l'ancien plancher sont posées pour pouvoir créer une surface d'évolution et de travail devant la zone de pose.

La mise en place des lames de parquet peut se faire de deux manières différentes :

15.

15. Les lames se mettent en place aisément : il suffit de donner des coups mesurés du plat du marteau pour serrer la lame.

Attention : À la moindre résistance, il faut arrêter pour éviter d'écraser la languette.

16. Le parquet se met en place difficilement : il faut utiliser une cale martyre pour serrer les lames.

Attention : Si la résistance est vraiment très forte, il faut sacrifier une lame de parquet qui servira de cale martyre avec une surface d'appui maximale.

20. *La pointe est en place et chassée.*

20.

17. *Le clouage est effectué dans l'angle de la languette, en respectant une inclinaison d'environ 45°.*

18.

18. *Le clouage se fait directement au marteau jusqu'à être proche de l'angle.*
Attention : Pas de coup de marteau sur l'arête de bois.
19. *La pointe est enfoncée et chassée à l'aide d'un chasse-pointe plat (sorte de burin dont la pointe est meulée).*

19.

Il arrive que des lames soient déformées et aient du mal à se mettre en place. On utilise dans ce cas un système de double clouage qui permet de serrer les joints avec une pression beaucoup plus forte.

On augmente également la poussée des pointes en les « couchant » plus.

22.

21, 22, 23 et 24. Mise en place d'un double clouage. Les clous sont enfoncés simultanément.

23.

25.

25 et 26. Dans le cas présent, le parquet est posé à joint perdu. Le hasard des coupes peut entraîner d'avoir à poser des petites pièces pour finir une rangée. Trop petites pour être clouées, ces pièces sont alors collées.

27.

27. Le chantier avance : le poste de travail est ramené sur la partie finie. Il faut régulièrement contrôler l'alignement avec la règle.

Il arrive souvent, lorsque l'on arrive au milieu de la pièce, que le parquet cloué soit plus serré aux extrémités qu'au milieu. Cela forme un arc dont la flèche peut atteindre 5 mm. Il faut alors serrer plus ou moins fort les lames de parquet, comme le montrent les photos 21 à 24.

Si on se rend compte que certains endroits ne sont pas alignés, on peut y remédier progressivement en ne clouant qu'une lambourde sur deux aux endroits où le parquet devrait « avancer ».

28.

29.

28. *La règle reste à portée de main pour vérifier régulièrement la rectitude de l'alignement.*

29. *On limite sensiblement les déplacements pénibles à genoux en travaillant à deux. Les postes de travail sont régulièrement approvisionnés en paquets de lames.*

30. *Le clouage devient délicat lorsque l'espace disponible devient étroit. Nous utilisons le plat du marteau pour clouer.*

31. *Le chasse-pointe est également utilisé sur le côté.*

31.

32.

32. Les dernières lames sont serrées à l'aide du pied de biche, à défaut avec un ciseau à bois qui fait office de levier. Le clouage se fait par le haut.

33. Les pointes sont chassées et seront mastiquées avant la finition.

34.

34. La largeur des dernières lames est relevée en plusieurs points.

35. Dans le cas présent, elles sont plus étroites à une extrémité. Cela permet de les glisser en place par le côté. Après s'être assuré qu'il y a suffisamment de jeu, la lame est écartée et munie de quelques points de colle.

36 et *37.* *La lame est positionnée latéralement à la main ou en tapant sur le côté du levier.* ***Attention à ne pas abîmer les angles.***

37.

38.

38. La lame est serrée et calée.

39. Un morceau de lame plus court est ajusté aux endroits délicats.

40. Un ciseau à bois planté dans l'angle permet de faire levier.

40.

41.

41** et **42. *La dernière pièce ne peut être mise en place par le côté. Pour pouvoir la pivoter en place, il faut couper l'angle inférieur.*

43. *On peut également retoucher un peu les faces de la rainure au guillaume (à défaut, le ciseau à bois fait l'affaire).*

44. *La lame est encollée, poussée à fond de rainure au levier et descendue progressivement au marteau.*

45. *Des coins maintiennent la pièce durant le temps de séchage.*

44.

46.

46. *La pose du parquet est terminée. Le ponçage et la vitrification interviendront après l'habillage des murs.*

LA FINITION DU PARQUET

La finition du parquet consiste en deux opérations : **le ponçage et l'application de produit de protection**, vernis (vitrificateur), huile ou cire. Le parquet peut également être teinté avant le vernissage.

PONÇAGE

Le ponçage est une opération délicate, elle demande beaucoup de doigté et de finesse. Les grandes surfaces sont poncées avec une « **ponceuse à parquet** ». Il faudra également une **ponceuse d'angle** pour les finitions autour de la pièce, aux endroits non accessibles à la grande machine.

Ces machines **se louent** dans les magasins de bricolage ou les magasins spécialisés en location de matériel. Ce serait une hérésie que de **vouloir faire l'économie de cette location** pour poncer avec votre petite ponceuse à bande qui garantirait un médiocre résultat.

La qualité de la « ponceuse à parquet », **c'est d'abord son poids** : plus elle sera lourde, meilleur sera son ponçage. La machine est montée sur roulettes. Le cylindre ponceur est mobile. Il s'abaisse avec un levier. L'astuce consiste à **amorcer le déplacement de la machine**, puis de **faire descendre doucement et progressivement le cylindre ponceur**. En fin de déplacement, il faut **remonter l'outil avant d'arrêter l'avance**.

Faute de respecter ces précautions, vous risquez d'avoir des zones où le parquet est beaucoup plus poncé qu'à d'autres.

Réalisez d'abord un dégrossissage en **ponçage croisé**, avec du papier **grain 60 ou 50**. Ensuite effectuez un **ponçage** dans **le sens du fil du bois**, avec du papier **grain 100**.

Pour les parquets mosaïque ou posés à bâtons rompus, le ponçage fin est réalisé de manière à être aligné face à la fenêtre.

Les angles que cette grande machine ne peut atteindre **seront poncés avec la ponceuse d'angle**.

Certaines qualités de parquets traditionnels sont usinées avec une telle **précision** qu'un ponçage à la **ponceuse vibrante** est suffisant.

Il existe du **parquet préponcé en usine**, ne demandant aucun ponçage avant vernissage (à condition de n'avoir pas fait de trace de pas durant la pose).

MISE EN TEINTE

Le parquet peut recevoir **une teinte** pour « réchauffer » sa couleur, ou l'harmoniser avec votre mobilier.

Si le parquet doit être vitrifié, il est indispensable de s'assurer que teinte et vitrificateur sont compatibles.

VERNIS

Le vernissage, appelé souvent **vitrification**, est une solution confortable : le parquet ne nécessitera pas d'autre entretien qu'un essuyage au chiffon humide.

Suivant l'intensité de passage, il faut **remettre une couche de vernis** au bout de quelques années.

Certains peuvent être « **rechargés** » **sans ponçage**, d'autres doivent être très **sérieusement égrenés** avant l'application d'une nouvelle couche.

Il est important de ne **pas attendre** de voir apparaître des **zones** où le **vernis est traversé**, cela occasionnerait des **taches claires** après l'application du vernis.

HUILE ET CIRE

Il existe des parquets **préhuilés** en usine. Le parquet peut également être huilé après pose, avec une huile spéciale, appliquée en très fines couches.

Avantage : facilité de réparation ou de retouches partielles pour les zones à usage intense. **Inconvénient** : ne durcit pas la surface comme le vernis.

La cire offre une **finition chaude** et **satinée**, mais demande un **entretien régulier et fastidieux**.

POSE DES PARQUETS ET REVÊTEMENTS DE SOL FLOTTANTS

POSE D'UN REVÊTEMENT DE SOL FLOTTANT

Pour remplacer une moquette par exemple, **un revêtement de sol flottant** est **une solution rapide** et **à la portée de la plupart des bricoleurs**.

Après **dépose de l'ancien revêtement** de sol, le sol est soigneusement examiné pour **éliminer** toutes **les surépaisseurs de béton** ou **de chape** qui existent et subsistent parfois au niveau des coins ou le long des murs.

Avant la pose de la couche isolante, **une aspiration** ou **un balayage soigneux** du sol est **fortement recommandé**.

Il ne faut que **très peu d'outils** pour poser un revêtement de sol flottant : mètre, crayon, équerre, scie à denture fine, marteau, cale, règle de maçon en aluminium (longue de préférence), ciseau à bois.

Pour les plinthes : boîte à onglets et scie, perceuse et forets, éventuellement un tournevis.

1.

1. Les matériaux pour la pose sont sur place :
— Le revêtement : il sera stocké dans la pièce, fermé dans son emballage d'origine, pendant 2 à 3 jours avant sa pose.
— La couche isolante : celle-ci est indispensable pour le confort du revêtement. Elle lui confère souplesse pour le confort de la marche, silence grâce à l'absorption des bruits d'impact dus à la marche ou aux chutes d'objets tels que des jouets.

2.

2. La première largeur de la couche isolante est déroulée. Des cales sont disposées aux endroits des joints et à l'extrémité de la première rangée de lames. Pour une pièce de taille normale, nous prévoyons un jeu de 8 mm.

3.

3. La première rangée de lames est en place. La rainure est placée contre le mur. L'alignement de cette première rangée doit être réglé avec le plus grand soin. La facilité et la qualité de pose des rangées suivantes en dépendent en grande partie. Il est important d'utiliser la règle la plus longue possible pour vérifier et éventuellement corriger la rectitude de l'alignement.

La mise en place de la sous-couche (en pose flottante) est traitée en pages 65 et 66.

La réglementation acoustique est traitée à la page 58.

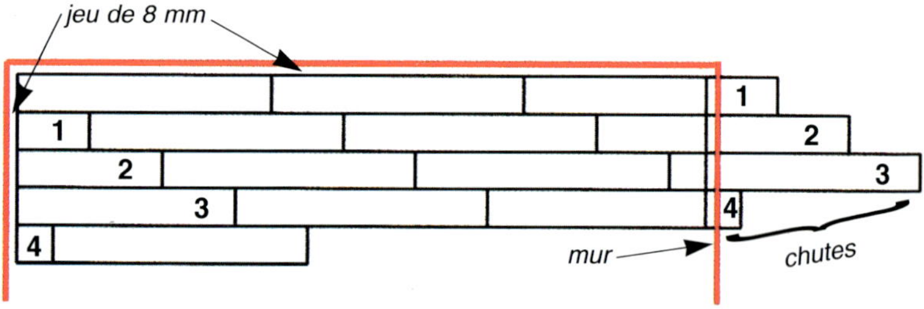

3 bis.

***3bis.** Le mode de pose le plus économique consiste à réaliser une pose à coupes perdues. Une nouvelle rangée est commencée par la « chute » de la rangée précédente : la chute de la rangée 1 démarre la rangée 2, la chute de la rangée 2 démarre la rangée 3...*

***4** et **5**. La chute d'une rangée démarre la rangée suivante. L'encollage se fait sur les bords de la rainure.*

Note

N'hésitez pas à opter pour l'achat d'un pot de colle doseur. Sa canule, réglable en débit, permet un fin dosage du filet de colle.

4.

5.

6.

***6** et **7**. La pose se poursuit par des lames entières. L'encollage des « bords haut et bas » de la rainure sera exécuté avec soin.*

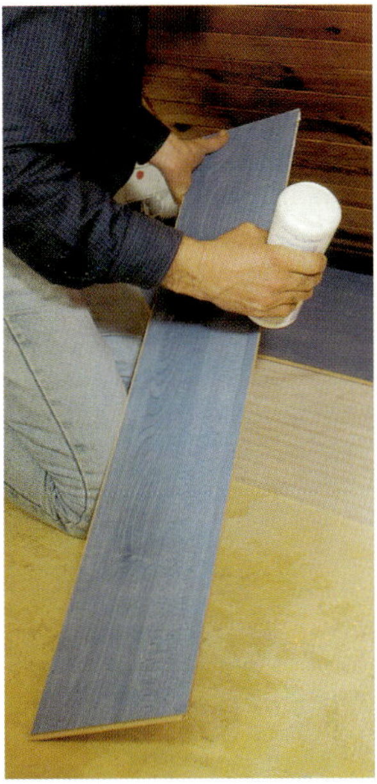

7.

8. *Présenter la lame en biais, rainures engagées aux deux angles.*

8

9.

9. *La lame est poussée en place, à la main.*

1

10. *La lame est d'abord serrée de côté, avec le marteau et une cale martyre.*

11.

11. *Frapper pour serrer sur toute la longueur, en intercalant une cale martyre entre le bord de lame et le marteau.*

12 *et* ***13.*** *En fin de rangée : la lame est placée à l'envers, appuyée contre une cale de 8 mm placée contre le mur. La lame se trouve ainsi languette contre languette. Repérer la longueur et tracer avec l'équerre.*

13.

14. *Avant de scier, retourner la lame et vérifier si la chute est bien du bon côté. La lame est sciée, encollée, placée et serrée. Le serrage latéral se fait avec un levier, par exemple un ciseau à bois.*

15.

15. *Il faut régulièrement vérifier la rectitude de l'alignement des lames avec la règle.*

Remarque

Il peut arriver que certaines lames soient difficiles à serrer. À taper trop fort avec le marteau, vous risquez d'écraser la languette. La solution consiste à utiliser un moyen de serrage. Les professionnels utilisent des serre-joints à ruban. Ces serre-joints peuvent être loués dans les magasins spécialisés.

Il peut aussi arriver qu'un angle soit un peu écrasé ou qu'une saleté se soit coincée dans l'assemblage. Dans ce cas, il faut très vite, avant que la colle « ne prenne », démonter la lame récalcitrante et vérifier.

16.

17.

18.

16. *Système de serrage « maison ».*

Nous pouvons utiliser de simples lattes pour serrer les joints. Elles sont arc-boutées entre le mur et le bord du parquet.

— Il faut veiller à insérer des cales de protection.

— Il faut également être sûr que l'ensemble du parquet ne se déplace pas.

1

17. *Ici nous utilisons des lattes sous lesquelles nous avons vissé des équerres métalliques. La deuxième équerre est positionnée en fonction de la largeur de parquet déjà posée.*

18 *et* ***19.*** *Le serrage se fait à l'aide de 2 cales triangulaires. Lorsque la pose est suffisamment avancée, on peut se mettre sur le revêtement pour travailler.*

20. *Certains fabricants préconisent un encollage de la languette en plus du double encollage de la rainure. Il ne faut encoller la languette qu'au dernier moment, avec peu de colle.*

20.

20bis. *À la fabrication, l'angle de la languette est usiné de manière à pouvoir accueillir l'excédent de colle qui reflue lors de l'assemblage.*

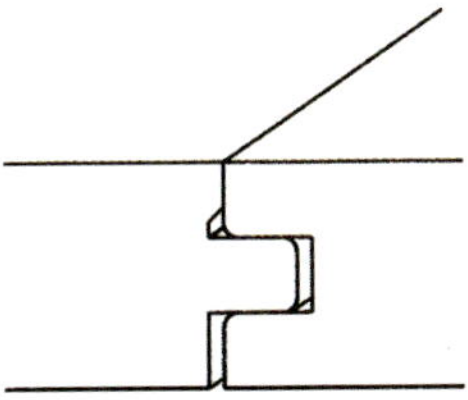

20 bis.

21 *et* ***22.*** *La lame est positionnée et très vite serrée, à cause de la prise rapide de la colle.*

23. *Veillez à toujours utiliser une cale martyre pour serrer l'assemblage.*

22.

3.

Attention

Si quelques bavures de colle sortent malgré tout, il faut les essuyer tout de suite, avec un chiffon humide.

Pour ajuster les angles, la lame est positionnée contre les cales de jeu et est coupée en longueur s'il s'agit de la fin de la rangée.

24.

26.

24. La longueur de l'entaille est repérée avec la cale de jeu en bout (8 mm dans notre cas).

25 et *26.* La profondeur de l'entaille est mesurée... et reportée sur la lame.

27. Avant de scier, il faut réaliser un contrôle visuel, dans les deux sens.

28.

28. Avant de coller, nouveau contrôle de l'entaille.

Remarque

Il est indispensable de réserver un jeu tout autour de la pièce, y compris au niveau des huisseries ou des tuyaux qui traversent le plancher.

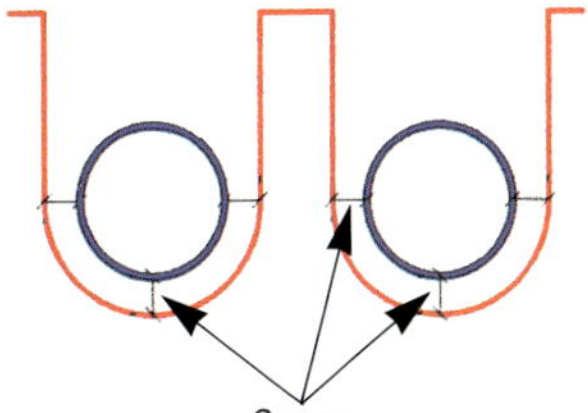

Exemple de découpe pour des tuyaux de radiateur.

29.

***29.** Certaines marques de revêtement proposent des carrés de décors (rainurés et languettés) variés qui permettent de créer des motifs géométriques, damiers, dessins...*

0.

***30.** Pour finir la pièce, s'il manque entre 10 et 15 mm, c'est ce qui peut vous arriver de plus embêtant. On peut pallier cette difficulté en collant deux lames ensemble. Après séchage, cette « double lame » est sciée à la bonne largeur. En effet, scier dans une lame une petite bande de 10 à 15 mm de large sans la casser, est chose difficile.*

31.

***31.** Les dernières lames sont encollées et serrées à l'aide du ciseau à bois utilisé comme levier.*

32.

Pose des plinthes

La plupart des fabricants proposent des plinthes assorties aux revêtements. Elles peuvent être fixées par collage, vissage, ou clipsées dans des chevilles spéciales. L'avantage de cette dernière solution est qu'elles sont démontables pour des poses de papier peint ultérieurement.

Les plinthes sont coupées et ajustées avant la pose des clips.

32. Perçage à l'aide d'un gabarit de hauteur fourni avec les plinthes.

33.

33. Mise en place des chevilles.

34.

34. Pour les angles sortants, les chevilles sont placées près des angles.

35.

35. Avec cette technique de chevilles spéciales, les plinthes, une fois clipsées en place, offrent l'avantage de ne présenter sur leur face aucune trace de clouage ou de vissage.

36.

36. À gauche de la porte, la plinthe cache une partie de la découpe de l'huisserie. La partie restante sera fermée avec un mastic restant souple, silicone ou autre.

Jazz Band
Rock Band

RÉPARATION D'UN PARQUET OU REVÊTEMENT DE SOL FLOTTANT

REMETTRE À NIVEAU UN REVÊTEMENT DE SOL FLOTTANT QUI A GONFLÉ

La complication décrite ci-après se produit lorsqu'une pièce a subi des prises anormales d'humidité ou si le jeu (entre mur et parquet), prévu autour de la pièce est insuffisant ou inexistant.

1.

1 b

__1__ et __1bis.__ Le parquet s'est soulevé de plusieurs centimètres dans la partie centrale. La règle montre nettement la cassure.

2.

__2.__ En démontant les plinthes, on se rend compte que le parquet s'est arc-bouté contre le mur, provoquant son soulèvement. Pour réparer, il faut recréer un jeu à tous les endroits où le parquet n'en a plus.

***3** et **3bis.** Sciage avec une ponceuse d'angle. Le plateau triangulaire est remplacé par une lame de scie (vendue spécialement pour ce type de machine). La machine travaille par vibration, il n'y a pas de risque d'être entraîné lors du sciage.*

3.

3
.

***4** et **4bis.** Sciage avec une meuleuse d'angle. Cette opération n'est envisageable que si la machine est équipée d'un disque spécial « à meuler le bois ». C'est une lame de scie à 4 dents et limitateur de passe continu. Cette machine reste malgré tout très dangereuse, à moins de l'équiper d'un plateau qui permet de poser la machine un peu comme une scie circulaire. Un jeu de cales permet d'ajuster le dépassement de la lame à l'épaisseur à scier.*

4.

4
.

***5.** Sciage au lamello. Cette machine est prévue pour réaliser des assemblages, mais sa fraise est idéalement placée pour usiner sans effort ni danger la bande à découper par déplacement latéral successif.*

5.

6. Le rognage de 8 à 10 mm, sur tout le périmètre, permet de redonner du jeu au parquet.

6.

7. Également au passage des tuyaux de radiateurs le jeu initialement prévu était insuffisant.

8.

8. La découpe initiale est agrandie au ciseau à bois.

9. Le parquet a retrouvé de l'espace. Il reprend très rapidement sa place. Au bout de quelques jours, le parquet sera complètement redescendu.

9.

TABLE DES MATIÈRES

Remerciements

Les auteurs et l'éditeur remercient tout particulièrement les fabricants qui ont bien voulu mettre à leur disposition pour les photos, les échantillons de leur gamme de production, notamment :

Pour les lambris

— La Société **GPL** à 40210 ESCOURCE Tél. 05 58 04 40 40
(page 5, les échantillons marqués G).

— La Société **GROSFILLEX** à 01100 OYONNAX Tél. 04 74 73 30 30
(pages 11, 12 et 13, tous les échantillons).

— La Société **HDM** à 51520 LA VEUVE Tél. 03 26 69 55 05,
(page 9, tous les échantillons).

— La Société **MOCKERS** à AUENHEIM 67480 ROESCHWOOG
Tél. 03 88 53 77 00
(page 5, les échantillons marqués M ; pages 16, 21, 22 et 23 pour la mise à disposition de ses salles d'exposition, lors des prises de vues photographiques).

Pour les parquets

— La Société **HDM** à 51520 LA VEUVE Tél. 03 26 69 55 05
(pour la mise à disposition de l'ensemble du parquet qui a servi à la réalisation des photos des pages 81 à 91 et de l'échantillon marqué H, page 53).

— La Société **BALDENWECK** à 68000 COLMAR Tél. 03 89 24 99 22
(pour les échantillons des pages 48, 50, 51 et 52).

— La Société **STRATIF** à 67600 SÉLESTAT Tél. 03 88 92 86 72
(pour les échantillons de la page 53, à l'exception de celui marqué H).

— Le parqueteur **FUCHS** Albert à 67600 SÉLESTAT
Tél. 03 88 92 35 58
(pour les parquets posés des pages 54 et 55).

Dessins : réalisés par Benoît ROTH
d'après les esquisses des auteurs.

Crédit photographique : photos S.A.E.P. / Alain THIÉBAUT.

Dépôt légal 3e trim. 2000
n° 2 529

Imprimé en C.E.E.